# 全民
# 科学技术普及

## 法律手册

### 双色大字版

中国法治出版社
CHINA LEGAL PUBLISHING HOUSE

# 编 辑 说 明

2024 年 12 月 25 日，第十四届全国人民代表大会常务委员会第十三次会议通过了新修订的《科学技术普及法》，自公布之日起施行。

新修订的《科学技术普及法》，增加"科普活动"和"科普人员"两章，修订后的法律从原法的 6 章 34 条增加到 8 章 60 条，包括总则、组织管理、社会责任、科普活动、科普人员、保障措施、法律责任和附则，旨在突出科普重要地位，明确科普总体要求。其中明确科普是国家创新体系的重要组成部分，是实现创新发展的基础性工作；强调国家把科普放在与科技创新同等重要的位置，推动科普与科技创新紧密协同，充分发挥科普在一体推进教育科技人才事业发展中的作用；规定科普应当以人民为中心，坚持面向世界科技前沿、面向经济主战场、面向国家重大需求、面向人民生命健康。

本书围绕《科学技术普及法》，根据效力层级，汇编科学技术普及、科学技术进步、科学成果转化、科学技术奖励、科学计划管理等领域的法律、行政法规、部门规章等文件。本书内文采用双色大字印刷，阅读舒适，检索方便。

修订颁布《科学技术普及法》是贯彻落实党中央关于新时代进一步加强科学技术普及工作决策部署的重要举措，是全面贯彻习近平法治思想，加强科学技术普及制度保障的重大成果。本书的出版，旨在宣传和普及《科学技术普及法》，助力科学技术普及教育在全国更好地开展。

对于本书的不足之处，还望读者不吝批评指正！

# 目录

## 一、法律及中央文件

---

＊ 本目录的时间为法律文件的公布（发布）时间或最后一次修正、修订的时间。

# 一、法律及中央文件

# 中华人民共和国科学技术普及法

（2002 年 6 月 29 日第九届全国人民代表大会常务委员会第二十八次会议通过　2024 年 12 月 25 日第十四届全国人民代表大会常务委员会第十三次会议修订　2024 年 12 月 25 日中华人民共和国主席令第 43 号公布　自公布之日起施行）

## 第一章　总　　则

**第一条**　为了实施科教兴国战略、人才强国战略和创新驱动发展战略，全面促进科学技术普及，加强国家科学技术普及能力建设，提高公民的科学文化素质，推进实现高水平科技自立自强，推动经济发展和社会进步，根据宪法，制定本法。

**第二条**　本法适用于国家和社会普及科学技术知识、倡导科学方法、传播科学思想、弘扬科学精神的活动。

开展科学技术普及（以下简称科普），应当采取公众易于接触、理解、接受、参与的方式。

**第三条** 坚持中国共产党对科普事业的全面领导。

开展科普，应当以人民为中心，坚持面向世界科技前沿、面向经济主战场、面向国家重大需求、面向人民生命健康，培育和弘扬创新文化，推动形成崇尚科学、追求创新的风尚，服务高质量发展，为建设科技强国奠定坚实基础。

**第四条** 科普是国家创新体系的重要组成部分，是实现创新发展的基础性工作。国家把科普放在与科技创新同等重要的位置，加强科普工作总体布局、统筹部署，推动科普与科技创新紧密协同，充分发挥科普在一体推进教育科技人才事业发展中的作用。

**第五条** 科普是公益事业，是社会主义物质文明和精神文明建设的重要内容。发展科普事业是国家的长期任务，国家推动科普全面融入经济、政治、文化、社会、生态文明建设，构建政府、社会、市场等协同推进的科普发展格局。

国家加强农村的科普工作，扶持革命老区、民族地区、边疆地区、经济欠发达地区的科普工作，建立完善跨区域科普合作和共享机制，促进铸牢中华民族共同体意识，推进乡村振兴。

**第六条** 科普工作应当践行社会主义核心价值观，弘扬科学精神和科学家精神，遵守科技伦理，反对和抵制伪科学。

任何组织和个人不得以科普为名从事损害国家利益、社会公共利益或者他人合法权益的活动。

**第七条** 国家机关、武装力量、社会团体、企业事业单位、基层群众性自治组织及其他组织应当开展科普工作，可以通过多种形式广泛开展科普活动。

每年9月为全国科普月。

公民有参与科普活动的权利。

**第八条** 国家保护科普组织和科普人员的合法权益，鼓励科普组织和科普人员自主开展科普活动，依法兴办科普事业。

**第九条** 国家支持社会力量兴办科普事业。社会力量兴办科普事业可以按照市场机制运行。

**第十条** 科普工作应当坚持群众性、社会性和经常性，结合实际，因地制宜，采取多种方式。

**第十一条** 国家实施全民科学素质行动，制定全民科学素质行动规划，引导公民培育科学和理性思维，树立科学的世界观和方法论，养成文明、健康、绿色、环保的科学生活方式，提高劳动、生产、创新创造的技能。

**第十二条** 国家支持和促进科普对外合作与交流。

**第十三条** 对在科普工作中做出突出贡献的组织和个

人，按照国家有关规定给予表彰、奖励。

国家鼓励社会力量依法设立科普奖项。

## 第二章　组织管理

**第十四条**　各级人民政府领导科普工作，应当将科普工作纳入国民经济和社会发展相关规划，为开展科普工作创造良好的环境和条件。

县级以上人民政府应当建立科普工作协调制度。

**第十五条**　国务院科学技术行政部门负责制定全国科普工作规划，实行政策引导，进行督促检查，加强统筹协调，推动科普工作发展。

国务院其他部门按照各自的职责分工，负责有关的科普工作。

县级以上地方人民政府科学技术行政部门及其他部门在同级人民政府领导下按照各自的职责分工，负责本地区有关的科普工作。

**第十六条**　行业主管部门应当结合本行业特点和实际情况，组织开展相关科普活动。

**第十七条**　科学技术协会是科普工作的主要社会力量，

牵头实施全民科学素质行动，组织开展群众性、社会性和经常性的科普活动，加强国际科技人文交流，支持有关组织和企业事业单位开展科普活动，协助政府制定科普工作规划，为政府科普工作决策提供建议和咨询服务。

第十八条　工会、共产主义青年团、妇女联合会等群团组织应当结合各自工作对象的特点组织开展科普活动。

## 第三章　社　会　责　任

第十九条　科普是全社会的共同责任。社会各界都应当组织、参加各类科普活动。

第二十条　各级各类学校及其他教育机构，应当把科普作为素质教育的重要内容，加强科学教育，提升师生科学文化素质，支持和组织师生开展多种形式的科普活动。

高等学校应当发挥科教资源优势，开设科技相关通识课程，开展科研诚信和科技伦理教育，把科普纳入社会服务职能，提供必要保障。

中小学校、特殊教育学校应当利用校内、校外资源，提高科学教育质量，完善科学教育课程和实践活动，激发学生对科学的兴趣，培养科学思维、创新意识和创新能力。

学前教育机构应当根据学前儿童年龄特点和身心发展规律，加强科学启蒙教育，培育、保护好奇心和探索意识。

**第二十一条** 开放大学、老年大学、老年科技大学、社区学院等应当普及卫生健康、网络通信、智能技术、应急安全等知识技能，提升老年人、残疾人等群体信息获取、识别和应用等能力。

**第二十二条** 科学研究和技术开发机构、高等学校应当支持和组织科学技术人员、教师开展科普活动，有条件的可以设置专职科普岗位和专门科普场所，使科普成为机构运行的重要内容，为开展科普活动提供必要的支持和保障，促进科技研发、科技成果转化与科普紧密结合。

**第二十三条** 科技企业应当把科普作为履行社会责任的重要内容，结合科技创新和职工技能培训面向公众开展科普活动。

鼓励企业将自身科技资源转化为科普资源，向公众开放实验室、生产线等科研、生产设施，有条件的可以设立向公众开放的科普场馆和设施。

**第二十四条** 自然科学和社会科学类社会团体等应当组织开展专业领域科普活动，促进科学技术的普及推广。

**第二十五条** 新闻出版、电影、广播电视、文化、互联网信息服务等机构和团体应当发挥各自优势做好科普宣传工作。

综合类报纸、期刊、广播电台、电视台应当开展公益科普宣传；电影、广播电视生产、发行和播映机构应当加强科普作品的制作、发行和播映；书刊出版、发行机构应当扶持科普书刊的出版、发行；综合性互联网平台应当开设科普网页或者科普专区。

鼓励组织和个人利用新兴媒体开展多种形式的科普，拓展科普渠道和手段。

第二十六条　农村基层群众性自治组织协助当地人民政府根据当地经济与社会发展的需要，围绕科学生产、文明健康生活，发挥农村科普组织、农村学校、基层医疗卫生机构等作用，开展科普工作，提升农民科学文化素质。

各类农村经济组织、农业科研和技术推广机构、农民教育培训机构、农村专业技术协（学）会以及科技特派员等，应当开展农民科技培训和农业科技服务，结合推广先进适用技术和科技成果转化应用向农民普及科学技术。

第二十七条　城市基层群众性自治组织协助当地人民政府利用当地科技、教育、文化、旅游、医疗卫生等资源，结合居民的生活、学习等需要开展科普活动，完善社区综合服务设施科普功能，提高科普服务质量和水平。

**第二十八条** 科技馆（站）、科技活动中心和其他科普教育基地，应当组织开展科普教育活动。图书馆、博物馆、文化馆、规划展览馆等文化场所应当发挥科普教育的作用。

公园、自然保护地、风景名胜区、商场、机场、车站、码头等各类公共场所以及重大基础设施的经营管理单位，应当在所辖范围内加强科普宣传。

## 第四章 科 普 活 动

**第二十九条** 国家支持科普产品和服务研究开发，鼓励新颖、独创、科学性强的高质量科普作品创作，提升科普原创能力，依法保护科普成果知识产权。

鼓励科学研究和技术开发机构、高等学校、企业等依托现有资源并根据发展需要建设科普创作中心。

**第三十条** 国家发展科普产业，鼓励兴办科普企业，促进科普与文化、旅游、体育、卫生健康、农业、生态环保等产业融合发展。

**第三十一条** 国家推动新技术、新知识在全社会各类人群中的传播与推广，鼓励各类创新主体围绕新技术、新知识开展科普，鼓励在科普中应用新技术，引导社会正确认识和使用科技成果，为科技成果应用创造良好环境。

第三十二条　国家部署实施新技术领域重大科技任务，在符合保密法律法规的前提下，可以组织开展必要的科普，增进公众理解、认同和支持。

第三十三条　国家加强自然灾害、事故灾难、公共卫生事件等突发事件预防、救援、应急处置等方面的科普工作，加强应急科普资源和平台建设，完善应急科普响应机制，提升公众应急处理能力和自我保护意识。

第三十四条　国家鼓励在职业培训、农民技能培训和干部教育培训中增加科普内容，促进培育高素质产业工人和农民，提高公职人员科学履职能力。

第三十五条　组织和个人提供的科普产品和服务、发布的科普信息应当具有合法性、科学性，不得有虚假错误的内容。

第三十六条　国家加强对科普信息发布和传播的监测与评估。对传播范围广、社会危害大的虚假错误信息，科学技术或者有关主管部门应当按照职责分工及时予以澄清和纠正。

网络服务提供者发现用户传播虚假错误信息的，应当立即采取处置措施，防止信息扩散。

第三十七条　有条件的科普组织和科学技术人员应当结

合自身专业特色组织、参与国际科普活动，开展国际科技人文交流，拓展国际科普合作渠道，促进优秀科普成果共享。国家支持开展青少年国际科普交流。

第三十八条　国家完善科普工作评估体系和公民科学素质监测评估体系，开展科普调查统计和公民科学素质测评，监测和评估科普事业发展成效。

## 第五章　科 普 人 员

第三十九条　国家加强科普工作人员培训和交流，提升科普工作人员思想道德品质、科学文化素质和业务水平，建立专业化科普工作人员队伍。

第四十条　科学技术人员和教师应当发挥自身优势和专长，积极参与和支持科普活动。

科技领军人才和团队应当发挥表率作用，带头开展科普。

鼓励和支持老年科学技术人员积极参与科普工作。

第四十一条　国家支持有条件的高等学校、职业学校设置和完善科普相关学科和专业，培养科普专业人才。

第四十二条　国家完善科普志愿服务制度和工作体系，支持志愿者开展科普志愿服务，加强培训与监督。

**第四十三条** 国家健全科普人员评价、激励机制，鼓励相关单位建立符合科普特点的职称评定、绩效考核等评价制度，为科普人员提供有效激励。

## 第六章 保障措施

**第四十四条** 各级人民政府应当将科普经费列入本级预算，完善科普投入经费保障机制，逐步提高科普投入水平，保障科普工作顺利开展。

各级人民政府有关部门应当根据需要安排经费支持科普工作。

**第四十五条** 国家完善科普场馆和科普基地建设布局，扩大科普设施覆盖面，促进城乡科普设施均衡发展。

国家鼓励有条件的地方和组织建设综合型科普场馆和专业型科普场馆，发展数字科普场馆，推进科普信息化发展，加强与社区建设、文化设施融合发展。

省、自治区、直辖市人民政府和其他有条件的地方人民政府，应当将科普场馆、设施建设纳入国土空间规划；对现有科普场馆、设施应当加强利用、维修和改造升级。

**第四十六条** 各级人民政府应当对符合规划的科普场

馆、设施建设给予支持，开展财政性资金资助的科普场馆运营绩效评估，保障科普场馆有效运行。

政府投资建设的科普场馆，应当配备必要的专职人员，常年向公众开放，对青少年实行免费或者优惠，并不得擅自改为他用；经费困难的，政府可以根据需要予以补贴，使其正常运行。

尚无条件建立科普场馆的地方，应当利用现有的科技、教育、文化、旅游、医疗卫生、体育、交通运输、应急等设施开展科普，并设立科普画廊、橱窗等。

**第四十七条** 国家建设完善开放、共享的国家科普资源库和科普资源公共服务平台，推动全社会科普资源共建共享。

利用财政性资金设立的科学研究和技术开发机构、高等学校、职业学校，有条件的应当向公众开放科技基础设施和科技资源，为公众了解、认识、参与科学研究活动提供便利。

**第四十八条** 国家鼓励和引导社会资金投入科普事业。国家鼓励境内外的组织和个人设立科普基金，用于资助科普事业。

**第四十九条** 国家鼓励境内外的组织和个人依法捐赠财产资助科普事业；对捐赠财产用于科普事业或者投资建设科普场馆、设施的，依法给予优惠。

科普组织开展科普活动、兴办科普事业，可以依法获得资助和捐赠。

**第五十条** 国家依法对科普事业实行税收优惠。

**第五十一条** 利用财政性资金设立科学技术计划项目，除涉密项目外，应当结合任务需求，合理设置科普工作任务，充分发挥社会效益。

**第五十二条** 科学研究和技术开发机构、学校、企业的主管部门以及科学技术等相关行政部门应当支持开展科普活动，建立有利于促进科普的评价标准和制度机制。

**第五十三条** 科普经费和组织、个人资助科普事业的财产，应当用于科普事业，任何组织和个人不得克扣、截留、挪用。

## 第七章 法 律 责 任

**第五十四条** 违反本法规定，制作、发布、传播虚假错误信息，或者以科普为名损害国家利益、社会公共利益或者他人合法权益的，由有关主管部门责令改正，给予警告或者通报批评，没收违法所得，对负有责任的领导人员和直接责任人员依法给予处分。

**第五十五条** 违反本法规定，克扣、截留、挪用科普款物或者骗取科普优惠政策支持的，由有关主管部门责令限期退还相关款物；对负有责任的领导人员和直接责任人员依法给予处分；情节严重的，禁止一定期限内申请科普优惠政策支持。

第五十六条　擅自将政府投资建设的科普场馆改为他用的，由有关主管部门责令限期改正；情节严重的，给予警告或者通报批评，对负有责任的领导人员和直接责任人员依法给予处分。

第五十七条　骗取科普表彰、奖励的，由授予表彰、奖励的部门或者单位撤销其所获荣誉，收回奖章、证书，追回其所获奖金等物质奖励，并由其所在单位或者有关部门依法给予处分。

第五十八条　公职人员在科普工作中滥用职权、玩忽职守、徇私舞弊的，依法给予处分。

第五十九条　违反本法规定，造成人身损害或者财产损失的，依法承担民事责任；构成违反治安管理行为的，依法给予治安管理处罚；构成犯罪的，依法追究刑事责任。

## 第八章　附　　则

第六十条　本法自公布之日起施行。

# 中华人民共和国科学技术进步法

（1993 年 7 月 2 日第八届全国人民代表大会常务委员会第二次会议通过　2007 年 12 月 29 日第十届全国人民代表大会常务委员会第三十一次会议第一次修订　2021 年 12 月 24 日第十三届全国人民代表大会常务委员会第三十二次会议第二次修订　2021 年 12 月 24 日中华人民共和国主席令第 103 号公布　自 2022 年 1 月 1 日起施行）

## 第一章　总　　则

**第一条**　为了全面促进科学技术进步，发挥科学技术第一生产力、创新第一动力、人才第一资源的作用，促进科技成果向现实生产力转化，推动科技创新支撑和引领经济社会发展，全面建设社会主义现代化国家，根据宪法，制定本法。

**第二条**　坚持中国共产党对科学技术事业的全面领导。

国家坚持新发展理念，坚持科技创新在国家现代化建设全局中的核心地位，把科技自立自强作为国家发展的战略支撑，实施科教兴国战略、人才强国战略和创新驱动发展战略，走中国特色自主创新道路，建设科技强国。

**第三条** 科学技术进步工作应当面向世界科技前沿、面向经济主战场、面向国家重大需求、面向人民生命健康，为促进经济社会发展、维护国家安全和推动人类可持续发展服务。

国家鼓励科学技术研究开发，推动应用科学技术改造提升传统产业、发展高新技术产业和社会事业，支撑实现碳达峰碳中和目标，催生新发展动能，实现高质量发展。

**第四条** 国家完善高效、协同、开放的国家创新体系，统筹科技创新与制度创新，健全社会主义市场经济条件下新型举国体制，充分发挥市场配置创新资源的决定性作用，更好发挥政府作用，优化科技资源配置，提高资源利用效率，促进各类创新主体紧密合作、创新要素有序流动、创新生态持续优化，提升体系化能力和重点突破能力，增强创新体系整体效能。

国家构建和强化以国家实验室、国家科学技术研究开发机构、高水平研究型大学、科技领军企业为重要组成部分的国家战略科技力量，在关键领域和重点方向上发挥战略支撑引领作用和重大原始创新效能，服务国家重大战略需要。

第五条　国家统筹发展和安全，提高科技安全治理能力，健全预防和化解科技安全风险的制度机制，加强科学技术研究、开发与应用活动的安全管理，支持国家安全领域科技创新，增强科技创新支撑国家安全的能力和水平。

第六条　国家鼓励科学技术研究开发与高等教育、产业发展相结合，鼓励学科交叉融合和相互促进。

国家加强跨地区、跨行业和跨领域的科学技术合作，扶持革命老区、民族地区、边远地区、欠发达地区的科学技术进步。

国家加强军用与民用科学技术协调发展，促进军用与民用科学技术资源、技术开发需求的互通交流和技术双向转移，发展军民两用技术。

第七条　国家遵循科学技术活动服务国家目标与鼓励自由探索相结合的原则，超前部署重大基础研究、有重大产业应用前景的前沿技术研究和社会公益性技术研究，支持基础研究、前沿技术研究和社会公益性技术研究持续、稳定发展，加强原始创新和关键核心技术攻关，加快实现高水平科技自立自强。

第八条　国家保障开展科学技术研究开发的自由，鼓励科学探索和技术创新，保护科学技术人员自由探索等合法权益。

科学技术研究开发机构、高等学校、企业事业单位和公民有权自主选择课题，探索未知科学领域，从事基础研究、前沿技术研究和社会公益性技术研究。

第九条　学校及其他教育机构应当坚持理论联系实际，注重培养受教育者的独立思考能力、实践能力、创新能力和批判性思维，以及追求真理、崇尚创新、实事求是的科学精神。

国家发挥高等学校在科学技术研究中的重要作用，鼓励高等学校开展科学研究、技术开发和社会服务，培养具有社会责任感、创新精神和实践能力的高级专门人才。

第十条　科学技术人员是社会主义现代化建设事业的重要人才力量，应当受到全社会的尊重。

国家坚持人才引领发展的战略地位，深化人才发展体制机制改革，全方位培养、引进、用好人才，营造符合科技创新规律和人才成长规律的环境，充分发挥人才第一资源作用。

第十一条　国家营造有利于科技创新的社会环境，鼓励机关、群团组织、企业事业单位、社会组织和公民参与和支持科学技术进步活动。

全社会都应当尊重劳动、尊重知识、尊重人才、尊重创造，形成崇尚科学的风尚。

**第十二条** 国家发展科学技术普及事业，普及科学技术知识，加强科学技术普及基础设施和能力建设，提高全体公民特别是青少年的科学文化素质。

科学技术普及是全社会的共同责任。国家建立健全科学技术普及激励机制，鼓励科学技术研究开发机构、高等学校、企业事业单位、社会组织、科学技术人员等积极参与和支持科学技术普及活动。

**第十三条** 国家制定和实施知识产权战略，建立和完善知识产权制度，营造尊重知识产权的社会环境，保护知识产权，激励自主创新。

企业事业单位、社会组织和科学技术人员应当增强知识产权意识，增强自主创新能力，提高创造、运用、保护、管理和服务知识产权的能力，提高知识产权质量。

**第十四条** 国家建立和完善有利于创新的科学技术评价制度。

科学技术评价应当坚持公开、公平、公正的原则，以科技创新质量、贡献、绩效为导向，根据不同科学技术活动的特点，实行分类评价。

第十五条　国务院领导全国科学技术进步工作，制定中长期科学和技术发展规划、科技创新规划，确定国家科学技术重大项目、与科学技术密切相关的重大项目。中长期科学和技术发展规划、科技创新规划应当明确指导方针，发挥战略导向作用，引导和统筹科技发展布局、资源配置和政策制定。

县级以上人民政府应当将科学技术进步工作纳入国民经济和社会发展规划，保障科学技术进步与经济建设和社会发展相协调。

地方各级人民政府应当采取有效措施，加强对科学技术进步工作的组织和管理，优化科学技术发展环境，推进科学技术进步。

第十六条　国务院科学技术行政部门负责全国科学技术进步工作的宏观管理、统筹协调、服务保障和监督实施；国务院其他有关部门在各自的职责范围内，负责有关的科学技术进步工作。

县级以上地方人民政府科学技术行政部门负责本行政区域的科学技术进步工作；县级以上地方人民政府其他有关部门在各自的职责范围内，负责有关的科学技术进步工作。

第十七条　国家建立科学技术进步工作协调机制，研究科学技术进步工作中的重大问题，协调国家科学技术计划项目的设立及相互衔接，协调科学技术资源配置、科学技术研究开发机构的整合以及科学技术研究开发与高等教育、产业发展相结合等重大事项。

第十八条　每年 5 月 30 日为全国科技工作者日。

国家建立和完善科学技术奖励制度，设立国家最高科学技术奖等奖项，对在科学技术进步活动中做出重要贡献的组织和个人给予奖励。具体办法由国务院规定。

国家鼓励国内外的组织或者个人设立科学技术奖项，对科学技术进步活动中做出贡献的组织和个人给予奖励。

## 第二章　基　础　研　究

第十九条　国家加强基础研究能力建设，尊重科学发展规律和人才成长规律，强化项目、人才、基地系统布局，为基础研究发展提供良好的物质条件和有力的制度保障。

国家加强规划和部署，推动基础研究自由探索和目标导向有机结合，围绕科学技术前沿、经济社会发展、国家安全重大需求和人民生命健康，聚焦重大关键技术问题，加强新兴和战略产业等领域基础研究，提升科学技术的源头供给能力。

国家鼓励科学技术研究开发机构、高等学校、企业等发挥自身优势，加强基础研究，推动原始创新。

**第二十条** 国家财政建立稳定支持基础研究的投入机制。

国家鼓励有条件的地方人民政府结合本地区经济社会发展需要，合理确定基础研究财政投入，加强对基础研究的支持。

国家引导企业加大基础研究投入，鼓励社会力量通过捐赠、设立基金等方式多渠道投入基础研究，给予财政、金融、税收等政策支持。

逐步提高基础研究经费在全社会科学技术研究开发经费总额中的比例，与创新型国家和科技强国建设要求相适应。

**第二十一条** 国家设立自然科学基金，资助基础研究，支持人才培养和团队建设。确定国家自然科学基金资助项目，应当坚持宏观引导、自主申请、平等竞争、同行评审、择优支持的原则。

有条件的地方人民政府结合本地区经济社会实际情况和发展需要，可以设立自然科学基金，支持基础研究。

第二十二条　国家完善学科布局和知识体系建设，推进学科交叉融合，促进基础研究与应用研究协调发展。

第二十三条　国家加大基础研究人才培养力度，强化对基础研究人才的稳定支持，提高基础研究人才队伍质量和水平。

国家建立满足基础研究需要的资源配置机制，建立与基础研究相适应的评价体系和激励机制，营造潜心基础研究的良好环境，鼓励和吸引优秀科学技术人员投身基础研究。

第二十四条　国家强化基础研究基地建设。

国家完善基础研究的基础条件建设，推进开放共享。

第二十五条　国家支持高等学校加强基础学科建设和基础研究人才培养，增强基础研究自主布局能力，推动高等学校基础研究高质量发展。

## 第三章　应用研究与成果转化

第二十六条　国家鼓励以应用研究带动基础研究，促进基础研究与应用研究、成果转化融通发展。

国家完善共性基础技术供给体系，促进创新链产业链深度融合，保障产业链供应链安全。

第二十七条　国家建立和完善科研攻关协调机制，围绕经济社会发展、国家安全重大需求和人民生命健康，加强重点领域项目、人才、基地、资金一体化配置，推动产学研紧密合作，推动关键核心技术自主可控。

第二十八条　国家完善关键核心技术攻关举国体制，组织实施体现国家战略需求的科学技术重大任务，系统布局具有前瞻性、战略性的科学技术重大项目，超前部署关键核心技术研发。

第二十九条　国家加强面向产业发展需求的共性技术平台和科学技术研究开发机构建设，鼓励地方围绕发展需求建设应用研究科学技术研究开发机构。

国家鼓励科学技术研究开发机构、高等学校加强共性基础技术研究，鼓励以企业为主导，开展面向市场和产业化应用的研究开发活动。

第三十条　国家加强科技成果中试、工程化和产业化开发及应用，加快科技成果转化为现实生产力。

利用财政性资金设立的科学技术研究开发机构和高等学校，应当积极促进科技成果转化，加强技术转移机构和人才队伍建设，建立和完善促进科技成果转化制度。

第三十一条　国家鼓励企业、科学技术研究开发机构、高等学校和其他组织建立优势互补、分工明确、成果共享、风险共担的合作机制，按照市场机制联合组建研究开发平台、技术创新联盟、创新联合体等，协同推进研究开发与科技成果转化，提高科技成果转移转化成效。

**第三十二条** 利用财政性资金设立的科学技术计划项目所形成的科技成果，在不损害国家安全、国家利益和重大社会公共利益的前提下，授权项目承担者依法取得相关知识产权，项目承担者可以依法自行投资实施转化、向他人转让、联合他人共同实施转化、许可他人使用或者作价投资等。

项目承担者应当依法实施前款规定的知识产权，同时采取保护措施，并就实施和保护情况向项目管理机构提交年度报告；在合理期限内没有实施且无正当理由的，国家可以无偿实施，也可以许可他人有偿实施或者无偿实施。

项目承担者依法取得的本条第一款规定的知识产权，为了国家安全、国家利益和重大社会公共利益的需要，国家可以无偿实施，也可以许可他人有偿实施或者无偿实施。

项目承担者因实施本条第一款规定的知识产权所产生的利益分配，依照有关法律法规规定执行；法律法规没有规定的，按照约定执行。

**第三十三条** 国家实行以增加知识价值为导向的分配政

策，按照国家有关规定推进知识产权归属和权益分配机制改革，探索赋予科学技术人员职务科技成果所有权或者长期使用权制度。

第三十四条 国家鼓励利用财政性资金设立的科学技术计划项目所形成的知识产权首先在境内使用。

前款规定的知识产权向境外的组织或者个人转让，或者许可境外的组织或者个人独占实施的，应当经项目管理机构批准；法律、行政法规对批准机构另有规定的，依照其规定。

第三十五条 国家鼓励新技术应用，按照包容审慎原则，推动开展新技术、新产品、新服务、新模式应用试验，为新技术、新产品应用创造条件。

第三十六条 国家鼓励和支持农业科学技术的应用研究，传播和普及农业科学技术知识，加快农业科技成果转化和产业化，促进农业科学技术进步，利用农业科学技术引领乡村振兴和农业农村现代化。

县级以上人民政府应当采取措施，支持公益性农业科学技术研究开发机构和农业技术推广机构进行农业新品种、新技术的研究开发、应用和推广。

地方各级人民政府应当鼓励和引导农业科学技术服务机

构、科技特派员和农村群众性科学技术组织为种植业、林业、畜牧业、渔业等的发展提供科学技术服务，为农民提供科学技术培训和指导。

**第三十七条** 国家推动科学技术研究开发与产品、服务标准制定相结合，科学技术研究开发与产品设计、制造相结合；引导科学技术研究开发机构、高等学校、企业和社会组织共同推进国家重大技术创新产品、服务标准的研究、制定和依法采用，参与国际标准制定。

**第三十八条** 国家培育和发展统一开放、互联互通、竞争有序的技术市场，鼓励创办从事技术评估、技术经纪和创新创业服务等活动的中介服务机构，引导建立社会化、专业化、网络化、信息化和智能化的技术交易服务体系和创新创业服务体系，推动科技成果的应用和推广。

技术交易活动应当遵循自愿平等、互利有偿和诚实信用的原则。

## 第四章 企业科技创新

**第三十九条** 国家建立以企业为主体，以市场为导向，企业同科学技术研究开发机构、高等学校紧密合作的技术创新体系，引导和扶持企业技术创新活动，支持企业牵头国家科技攻关任务，发挥企业在技术创新中的主体作用，推动企业成为技术创新决策、科研投入、组织科研和成果转化的主体，促进各类创新要素向企业集聚，提高企业技术创新能力。

国家培育具有影响力和竞争力的科技领军企业，充分发挥科技领军企业的创新带动作用。

**第四十条** 国家鼓励企业开展下列活动：

（一）设立内部科学技术研究开发机构；

（二）同其他企业或者科学技术研究开发机构、高等学校开展合作研究，联合建立科学技术研究开发机构和平台，设立科技企业孵化机构和创新创业平台，或者以委托等方式开展科学技术研究开发；

（三）培养、吸引和使用科学技术人员；

（四）同科学技术研究开发机构、高等学校、职业院校或者培训机构联合培养专业技术人才和高技能人才，吸引高等学校毕业生到企业工作；

（五）设立博士后工作站或者流动站；

（六）结合技术创新和职工技能培训，开展科学技术普及活动，设立向公众开放的普及科学技术的场馆或者设施。

**第四十一条** 国家鼓励企业加强原始创新，开展技术合作与交流，增加研究开发和技术创新的投入，自主确立研究开发课题，开展技术创新活动。

国家鼓励企业对引进技术进行消化、吸收和再创新。

企业开发新技术、新产品、新工艺发生的研究开发费用可以按照国家有关规定，税前列支并加计扣除，企业科学技术研究开发仪器、设备可以加速折旧。

**第四十二条** 国家完善多层次资本市场，建立健全促进科技创新的机制，支持符合条件的科技型企业利用资本市场推动自身发展。

国家加强引导和政策扶持，多渠道拓宽创业投资资金来源，对企业的创业发展给予支持。

国家完善科技型企业上市融资制度，畅通科技型企业国内上市融资渠道，发挥资本市场服务科技创新的融资功能。

**第四十三条** 下列企业按照国家有关规定享受税收优惠：

（一）从事高新技术产品研究开发、生产的企业；

（二）科技型中小企业；

（三）投资初创科技型企业的创业投资企业；

（四）法律、行政法规规定的与科学技术进步有关的其他企业。

第四十四条　国家对公共研究开发平台和科学技术中介、创新创业服务机构的建设和运营给予支持。

公共研究开发平台和科学技术中介、创新创业服务机构应当为中小企业的技术创新提供服务。

第四十五条　国家保护企业研究开发所取得的知识产权。企业应当不断提高知识产权质量和效益，增强自主创新能力和市场竞争能力。

第四十六条　国有企业应当建立健全有利于技术创新的研究开发投入制度、分配制度和考核评价制度，完善激励约束机制。

国有企业负责人对企业的技术进步负责。对国有企业负责人的业绩考核，应当将企业的创新投入、创新能力建设、创新成效等情况纳入考核范围。

第四十七条　县级以上地方人民政府及其有关部门应当创造公平竞争的市场环境，推动企业技术进步。

国务院有关部门和省级人民政府应当通过制定产业、财政、金融、能源、环境保护和应对气候变化等政策，引导、促使企业研究开发新技术、新产品、新工艺，进行技术改造和设备更新，淘汰技术落后的设备、工艺，停止生产技术落后的产品。

## 第五章　科学技术研究开发机构

**第四十八条**　国家统筹规划科学技术研究开发机构布局，建立和完善科学技术研究开发体系。

国家在事关国家安全和经济社会发展全局的重大科技创新领域建设国家实验室，建立健全以国家实验室为引领、全国重点实验室为支撑的实验室体系，完善稳定支持机制。

利用财政性资金设立的科学技术研究开发机构，应当坚持以国家战略需求为导向，提供公共科技供给和应急科技支撑。

**第四十九条**　自然人、法人和非法人组织有权依法设立科学技术研究开发机构。境外的组织或者个人可以在中国境内依法独立设立科学技术研究开发机构，也可以与中国境内的组织或者个人联合设立科学技术研究开发机构。

从事基础研究、前沿技术研究、社会公益性技术研究的科学技术研究开发机构，可以利用财政性资金设立。利用财政性资金设立科学技术研究开发机构，应当优化配置，防止重复设置。

科学技术研究开发机构、高等学校可以设立博士后流动站或者工作站。科学技术研究开发机构可以依法在国外设立分支机构。

第五十条 科学技术研究开发机构享有下列权利：

（一）依法组织或者参加学术活动；

（二）按照国家有关规定，自主确定科学技术研究开发方向和项目，自主决定经费使用、机构设置、绩效考核及薪酬分配、职称评审、科技成果转化及收益分配、岗位设置、人员聘用及合理流动等内部管理事务；

（三）与其他科学技术研究开发机构、高等学校和企业联合开展科学技术研究开发、技术咨询、技术服务等活动；

（四）获得社会捐赠和资助；

（五）法律、行政法规规定的其他权利。

第五十一条 科学技术研究开发机构应当依法制定章程，按照章程规定的职能定位和业务范围开展科学技术研究开发活动；加强科研作风学风建设，建立和完善科研诚信、科技伦理管理制度，遵守科学研究活动管理规范；不得组织、参加、支持迷信活动。

利用财政性资金设立的科学技术研究开发机构开展科学技术研究开发活动，应当为国家目标和社会公共利益服务；有条件的，应当向公众开放普及科学技术的场馆或者设施，组织开展科学技术普及活动。

**第五十二条** 利用财政性资金设立的科学技术研究开发机构，应当建立职责明确、评价科学、开放有序、管理规范的现代院所制度，实行院长或者所长负责制，建立科学技术委员会咨询制和职工代表大会监督制等制度，并吸收外部专家参与管理、接受社会监督；院长或者所长的聘用引入竞争机制。

**第五十三条** 国家完善利用财政性资金设立的科学技术研究开发机构的评估制度，评估结果作为机构设立、支持、调整、终止的依据。

**第五十四条** 利用财政性资金设立的科学技术研究开发机构，应当建立健全科学技术资源开放共享机制，促进科学技术资源的有效利用。

国家鼓励社会力量设立的科学技术研究开发机构，在合理范围内实行科学技术资源开放共享。

**第五十五条** 国家鼓励企业和其他社会力量自行创办科学技术研究开发机构，保障其合法权益。

社会力量设立的科学技术研究开发机构有权按照国家有关规定，平等竞争和参与实施利用财政性资金设立的科学技术计划项目。

国家完善对社会力量设立的非营利性科学技术研究开发机构税收优惠制度。

**第五十六条** 国家支持发展新型研究开发机构等新型创新主体，完善投入主体多元化、管理制度现代化、运行机制市场化、用人机制灵活化的发展模式，引导新型创新主体聚焦科学研究、技术创新和研发服务。

## 第六章 科学技术人员

**第五十七条** 国家营造尊重人才、爱护人才的社会环境，公正平等、竞争择优的制度环境，待遇适当、保障有力的生活环境，为科学技术人员潜心科研创造良好条件。

国家采取多种措施，提高科学技术人员的社会地位，培养和造就专门的科学技术人才，保障科学技术人员投入科技创新和研究开发活动，充分发挥科学技术人员的作用。禁止以任何方式和手段不公正对待科学技术人员及其科技成果。

**第五十八条** 国家加快战略人才力量建设，优化科学技术人才队伍结构，完善战略科学家、科技领军人才等创新人才和团队的培养、发现、引进、使用、评价机制，实施人才梯队、科研条件、管理机制等配套政策。

第五十九条　国家完善创新人才教育培养机制，在基础教育中加强科学兴趣培养，在职业教育中加强技术技能人才培养，强化高等教育资源配置与科学技术领域创新人才培养的结合，加强完善战略性科学技术人才储备。

第六十条　各级人民政府、企业事业单位和社会组织应当采取措施，完善体现知识、技术等创新要素价值的收益分配机制，优化收入结构，建立工资稳定增长机制，提高科学技术人员的工资水平；对有突出贡献的科学技术人员给予优厚待遇和荣誉激励。

利用财政性资金设立的科学技术研究开发机构和高等学校的科学技术人员，在履行岗位职责、完成本职工作、不发生利益冲突的前提下，经所在单位同意，可以从事兼职工作获得合法收入。技术开发、技术咨询、技术服务等活动的奖酬金提取，按照科技成果转化有关规定执行。

国家鼓励科学技术研究开发机构、高等学校、企业等采取股权、期权、分红等方式激励科学技术人员。

第六十一条　各级人民政府和企业事业单位应当保障科学技术人员接受继续教育的权利，并为科学技术人员的合理、畅通、有序流动创造环境和条件，发挥其专长。

第六十二条　科学技术人员可以根据其学术水平和业务

能力选择工作单位、竞聘相应的岗位，取得相应的职务或者职称。

科学技术人员应当信守工作承诺，履行岗位责任，完成职务或者职称相应工作。

第六十三条　国家实行科学技术人员分类评价制度，对从事不同科学技术活动的人员实行不同的评价标准和方式，突出创新价值、能力、贡献导向，合理确定薪酬待遇、配置学术资源、设置评价周期，形成有利于科学技术人员潜心研究和创新的人才评价体系，激发科学技术人员创新活力。

第六十四条　科学技术行政等有关部门和企业事业单位应当完善科学技术人员管理制度，增强服务意识和保障能力，简化管理流程，避免重复性检查和评估，减轻科学技术人员项目申报、材料报送、经费报销等方面的负担，保障科学技术人员科研时间。

第六十五条　科学技术人员在艰苦、边远地区或者恶劣、危险环境中工作，所在单位应当按照国家有关规定给予补贴，提供其岗位或者工作场所应有的职业健康卫生保护和安全保障，为其接受继续教育、业务培训等提供便利条件。

第六十六条　青年科学技术人员、少数民族科学技术人员、女性科学技术人员等在竞聘专业技术职务、参与科学技术评价、承担科学技术研究开发项目、接受继续教育等方面享有平等权利。鼓励老年科学技术人员在科学技术进步中发挥积极作用。

各级人民政府和企业事业单位应当为青年科学技术人员成长创造环境和条件，鼓励青年科学技术人员在科技领域勇于探索、敢于尝试，充分发挥青年科学技术人员的作用。发现、培养和使用青年科学技术人员的情况，应当作为评价科学技术进步工作的重要内容。

各级人民政府和企业事业单位应当完善女性科学技术人员培养、评价和激励机制，关心孕哺期女性科学技术人员，鼓励和支持女性科学技术人员在科学技术进步中发挥更大作用。

**第六十七条** 科学技术人员应当大力弘扬爱国、创新、求实、奉献、协同、育人的科学家精神，坚守工匠精神，在各类科学技术活动中遵守学术和伦理规范，恪守职业道德，诚实守信；不得在科学技术活动中弄虚作假，不得参加、支持迷信活动。

**第六十八条** 国家鼓励科学技术人员自由探索、勇于承担风险，营造鼓励创新、宽容失败的良好氛围。原始记录等能够证明承担探索性强、风险高的科学技术研究开发项目的科学技术人员已经履行了勤勉尽责义务仍不能完成该项目的，予以免责。

**第六十九条** 科研诚信记录作为对科学技术人员聘任专业技术职务或者职称、审批科学技术人员申请科学技术研究开发项目、授予科学技术奖励等的重要依据。

**第七十条** 科学技术人员有依法创办或者参加科学技术社会团体的权利。

科学技术协会和科学技术社会团体按照章程在促进学术交流、推进学科建设、推动科技创新、开展科学技术普及活动、培养专门人才、开展咨询服务、加强科学技术人员自律和维护科学技术人员合法权益等方面发挥作用。

科学技术协会和科学技术社会团体的合法权益受法律保护。

# 第七章　区域科技创新

**第七十一条** 国家统筹科学技术资源区域空间布局，推动中央科学技术资源与地方发展需求紧密衔接，采取多种方式支持区域科技创新。

**第七十二条** 县级以上地方人民政府应当支持科学技术

研究和应用，为促进科技成果转化创造条件，为推动区域创新发展提供良好的创新环境。

**第七十三条** 县级以上人民政府及其有关部门制定的与产业发展相关的科学技术计划，应当体现产业发展的需求。

县级以上人民政府及其有关部门确定科学技术计划项目，应当鼓励企业平等竞争和参与实施；对符合产业发展需求、具有明确市场应用前景的项目，应当鼓励企业联合科学技术研究开发机构、高等学校共同实施。

地方重大科学技术计划实施应当与国家科学技术重大任务部署相衔接。

**第七十四条** 国务院可以根据需要批准建立国家高新技术产业开发区、国家自主创新示范区等科技园区，并对科技园区的建设、发展给予引导和扶持，使其形成特色和优势，发挥集聚和示范带动效应。

**第七十五条** 国家鼓励有条件的县级以上地方人民政府根据国家发展战略和地方发展需要，建设重大科技创新基地与平台，培育创新创业载体，打造区域科技创新高地。

国家支持有条件的地方建设科技创新中心和综合性科学中心，发挥辐射带动、深化创新改革和参与全球科技合作作用。

第七十六条　国家建立区域科技创新合作机制和协同互助机制，鼓励地方各级人民政府及其有关部门开展跨区域创新合作，促进各类创新要素合理流动和高效集聚。

第七十七条　国家重大战略区域可以依托区域创新平台，构建利益分享机制，促进人才、技术、资金等要素自由流动，推动科学仪器设备、科技基础设施、科学工程和科技信息资源等开放共享，提高科技成果区域转化效率。

第七十八条　国家鼓励地方积极探索区域科技创新模式，尊重区域科技创新集聚规律，因地制宜选择具有区域特色的科技创新发展路径。

## 第八章　国际科学技术合作

第七十九条　国家促进开放包容、互惠共享的国际科学技术合作与交流，支撑构建人类命运共同体。

第八十条　中华人民共和国政府发展同外国政府、国际组织之间的科学技术合作与交流。

国家鼓励科学技术研究开发机构、高等学校、科学技术社会团体、企业和科学技术人员等各类创新主体开展国际科学技术合作与交流，积极参与科学研究活动，促进国际科学技术资源开放流动，形成高水平的科技开放合作格局，推动世界科学技术进步。

**第八十一条** 国家鼓励企业事业单位、社会组织通过多种途径建设国际科技创新合作平台，提供国际科技创新合作服务。

鼓励企业事业单位、社会组织和科学技术人员参与和发起国际科学技术组织，增进国际科学技术合作与交流。

**第八十二条** 国家采取多种方式支持国内外优秀科学技术人才合作研发，应对人类面临的共同挑战，探索科学前沿。

国家支持科学技术研究开发机构、高等学校、企业和科学技术人员积极参与和发起组织实施国际大科学计划和大科学工程。

国家完善国际科学技术研究合作中的知识产权保护与科技伦理、安全审查机制。

**第八十三条** 国家扩大科学技术计划对外开放合作，鼓励在华外资企业、外籍科学技术人员等承担和参与科学技术计划项目，完善境外科学技术人员参与国家科学技术计划项目的机制。

**第八十四条** 国家完善相关社会服务和保障措施，鼓励在国外工作的科学技术人员回国，吸引外籍科学技术人员到中国从事科学技术研究开发工作。

科学技术研究开发机构及其他科学技术组织可以根据发展需要，聘用境外科学技术人员。利用财政性资金设立的科学技术研究开发机构、高等学校聘用境外科学技术人员从事科学技术研究开发工作的，应当为其工作和生活提供方便。

外籍杰出科学技术人员到中国从事科学技术研究开发工作的，按照国家有关规定，可以优先获得在华永久居留权或者取得中国国籍。

## 第九章　保障措施

**第八十五条**　国家加大财政性资金投入，并制定产业、金融、税收、政府采购等政策，鼓励、引导社会资金投入，推动全社会科学技术研究开发经费持续稳定增长。

**第八十六条**　国家逐步提高科学技术经费投入的总体水平；国家财政用于科学技术经费的增长幅度，应当高于国家财政经常性收入的增长幅度。全社会科学技术研究开发经费应当占国内生产总值适当的比例，并逐步提高。

**第八十七条**　财政性科学技术资金应当主要用于下列事项的投入：

（一）科学技术基础条件与设施建设；

（二）基础研究和前沿交叉学科研究；

（三）对经济建设和社会发展具有战略性、基础性、前瞻性作用的前沿技术研究、社会公益性技术研究和重大共性关键技术研究；

（四）重大共性关键技术应用和高新技术产业化示范；

（五）关系生态环境和人民生命健康的科学技术研究开发和成果的应用、推广；

（六）农业新品种、新技术的研究开发和农业科技成果的应用、推广；

（七）科学技术人员的培养、吸引和使用；

（八）科学技术普及。

对利用财政性资金设立的科学技术研究开发机构，国家在经费、实验手段等方面给予支持。

**第八十八条**　设立国家科学技术计划，应当按照国家需求，聚焦国家重大战略任务，遵循科学研究、技术创新和成果转化规律。

国家建立科学技术计划协调机制和绩效评估制度，加强专业化管理。

**第八十九条**　国家设立基金，资助中小企业开展技术创新，推动科技成果转化与应用。

国家在必要时可以设立支持基础研究、社会公益性技术研究、国际联合研究等方面的其他非营利性基金，资助科学技术进步活动。

第九十条 从事下列活动的，按照国家有关规定享受税收优惠：

（一）技术开发、技术转让、技术许可、技术咨询、技术服务；

（二）进口国内不能生产或者性能不能满足需要的科学研究、技术开发或者科学技术普及的用品；

（三）为实施国家重大科学技术专项、国家科学技术计划重大项目，进口国内不能生产的关键设备、原材料或者零部件；

（四）科学技术普及场馆、基地等开展面向公众开放的科学技术普及活动；

（五）捐赠资助开展科学技术活动；

（六）法律、国家有关规定规定的其他科学研究、技术开发与科学技术应用活动。

第九十一条 对境内自然人、法人和非法人组织的科技创新产品、服务，在功能、质量等指标能够满足政府采购需求的条件下，政府采购应当购买；首次投放市场的，政府采购应当率先购买，不得以商业业绩为由予以限制。

政府采购的产品尚待研究开发的，通过订购方式实施。采购人应当优先采用竞争性方式确定科学技术研究开发机构、高等学校或者企业进行研究开发，产品研发合格后按约定采购。

**第九十二条** 国家鼓励金融机构开展知识产权质押融资业务，鼓励和引导金融机构在信贷、投资等方面支持科学技术应用和高新技术产业发展，鼓励保险机构根据高新技术产业发展的需要开发保险品种，促进新技术应用。

**第九十三条** 国家遵循统筹规划、优化配置的原则，整合和设置国家科学技术研究实验基地。

国家鼓励设置综合性科学技术实验服务单位，为科学技术研究开发机构、高等学校、企业和科学技术人员提供或者委托他人提供科学技术实验服务。

**第九十四条** 国家根据科学技术进步的需要，按照统筹规划、突出共享、优化配置、综合集成、政府主导、多方共建的原则，统筹购置大型科学仪器、设备，并开展对以财政性资金为主购置的大型科学仪器、设备的联合评议工作。

**第九十五条** 国家加强学术期刊建设，完善科研论文和科学技术信息交流机制，推动开放科学的发展，促进科学技术交流和传播。

**第九十六条** 国家鼓励国内外的组织或者个人捐赠财产、设立科学技术基金，资助科学技术研究开发和科学技术普及。

**第九十七条** 利用财政性资金设立的科学技术研究开发机构、高等学校和企业，在推进科技管理改革、开展科学技术研究开发、实施科技成果转化活动过程中，相关负责人锐意创新探索，出现决策失误、偏差，但尽到合理注意义务和监督管理职责，未牟取非法利益的，免除其决策责任。

## 第十章 监督管理

**第九十八条** 国家加强科技法治化建设和科研作风学风建设，建立和完善科研诚信制度和科技监督体系，健全科技伦理治理体制，营造良好科技创新环境。

**第九十九条** 国家完善科学技术决策的规则和程序，建立规范的咨询和决策机制，推进决策的科学化、民主化和法治化。

国家改革完善重大科学技术决策咨询制度。制定科学技术发展规划和重大政策，确定科学技术重大项目、与科学技术密切相关的重大项目，应当充分听取科学技术人员的意见，发挥智库作用，扩大公众参与，开展科学评估，实行科学决策。

**第一百条** 国家加强财政性科学技术资金绩效管理，提高资金配置效率和使用效益。财政性科学技术资金的管理和使用情况，应当接受审计机关、财政部门的监督检查。

科学技术行政等有关部门应当加强对利用财政性资金设立的科学技术计划实施情况的监督，强化科研项目资金协调、评估、监管。

任何组织和个人不得虚报、冒领、贪污、挪用、截留财政性科学技术资金。

**第一百零一条** 国家建立科学技术计划项目分类管理机制，强化对项目实效的考核评价。利用财政性资金设立的科学技术计划项目，应当坚持问题导向、目标导向、需求导向进行立项，按照国家有关规定择优确定项目承担者。

国家建立科技管理信息系统，建立评审专家库，健全科学技术计划项目的专家评审制度和评审专家的遴选、回避、保密、问责制度。

**第一百零二条** 国务院科学技术行政部门应当会同国务

院有关主管部门，建立科学技术研究基地、科学仪器设备等资产和科学技术文献、科学技术数据、科学技术自然资源、科学技术普及资源等科学技术资源的信息系统和资源库，及时向社会公布科学技术资源的分布、使用情况。

科学技术资源的管理单位应当向社会公布所管理的科学技术资源的共享使用制度和使用情况，并根据使用制度安排使用；法律、行政法规规定应当保密的，依照其规定。

科学技术资源的管理单位不得侵犯科学技术资源使用者的知识产权，并应当按照国家有关规定确定收费标准。管理单位和使用者之间的其他权利义务关系由双方约定。

**第一百零三条** 国家建立科技伦理委员会，完善科技伦理制度规范，加强科技伦理教育和研究，健全审查、评估、监管体系。

科学技术研究开发机构、高等学校、企业事业单位等应当履行科技伦理管理主体责任，按照国家有关规定建立健全科技伦理审查机制，对科学技术活动开展科技伦理审查。

**第一百零四条** 国家加强科研诚信建设，建立科学技术项目诚信档案及科研诚信管理信息系统，坚持预防与惩治并举、自律与监督并重，完善对失信行为的预防、调查、处理机制。

县级以上地方人民政府和相关行业主管部门采取各种措施加强科研诚信建设，企业事业单位和社会组织应当履行科研诚信管理的主体责任。

任何组织和个人不得虚构、伪造科研成果，不得发布、传播虚假科研成果，不得从事学术论文及其实验研究数据、科学技术计划项目申报验收材料等的买卖、代写、代投服务。

**第一百零五条** 国家建立健全科学技术统计调查制度和国家创新调查制度，掌握国家科学技术活动基本情况，监测和评价国家创新能力。

国家建立健全科技报告制度，财政性资金资助的科学技术计划项目的承担者应当按照规定及时提交报告。

**第一百零六条** 国家实行科学技术保密制度，加强科学技术保密能力建设，保护涉及国家安全和利益的科学技术秘密。

国家依法实行重要的生物种质资源、遗传资源、数据资源等科学技术资源和关键核心技术出境管理制度。

**第一百零七条** 禁止危害国家安全、损害社会公共利益、危害人体健康、违背科研诚信和科技伦理的科学技术研究开发和应用活动。

从事科学技术活动，应当遵守科学技术活动管理规范。

对严重违反科学技术活动管理规范的组织和个人，由科学技术行政等有关部门记入科研诚信严重失信行为数据库。

## 第十一章　法　律　责　任

**第一百零八条**　违反本法规定，科学技术行政等有关部门及其工作人员，以及其他依法履行公职的人员滥用职权、玩忽职守、徇私舞弊的，对直接负责的主管人员和其他直接责任人员依法给予处分。

**第一百零九条**　违反本法规定，滥用职权阻挠、限制、压制科学技术研究开发活动，或者利用职权打压、排挤、刁难科学技术人员的，对直接负责的主管人员和其他直接责任人员依法给予处分。

**第一百一十条**　违反本法规定，虚报、冒领、贪污、挪用、截留用于科学技术进步的财政性资金或者社会捐赠资金的，由有关主管部门责令改正，追回有关财政性资金，责令退还捐赠资金，给予警告或者通报批评，并可以暂停拨款，终止或者撤销相关科学技术活动；情节严重的，依法处以罚款，禁止一定期限内承担或者参与财政性资金支持的科学技术活动；对直接负责的主管人员和其他直接责任人员依法给予行政处罚和处分。

**第一百一十一条**　违反本法规定，利用财政性资金和国有资本购置大型科学仪器、设备后，不履行大型科学仪器、设备等科学技术资源共享使用义务的，由有关主管部门责令改正，给予警告或者通报批评，对直接负责的主管人员和其他直接责任人员依法给予处分。

**第一百一十二条**　违反本法规定，进行危害国家安全、损害社会公共利益、危害人体健康、违背科研诚信和科技伦理的科学技术研究开发和应用活动的，由科学技术人员所在单位或者有关主管部门责令改正；获得用于科学技术进步的财政性资金或者有违法所得的，由有关主管部门终止或者撤销相关科学技术活动，追回财政性资金，没收违法所得；情节严重的，由有关主管部门向社会公布其违法行为，依法给予行政处罚和处分，禁止一定期限内承担或者参与财政性资金支持的科学技术活动、申请相关科学技术活动行政许可；对直接负责的主管人员和其他直接责任人员依法给予行政处罚和处分。

违反本法规定，虚构、伪造科研成果，发布、传播虚假科研成果，或者从事学术论文及其实验研究数据、科学技术计划项目申报验收材料等的买卖、代写、代投服务的，由有关主管部门给予警告或者通报批评，处以罚款；有违法所得的，没收违法所得；情节严重的，吊销许可证件。

**第一百一十三条** 违反本法规定，从事科学技术活动违反科学技术活动管理规范的，由有关主管部门责令限期改正，并可以追回有关财政性资金，给予警告或者通报批评，暂停拨款、终止或者撤销相关财政性资金支持的科学技术活动；情节严重的，禁止一定期限内承担或者参与财政性资金支持的科学技术活动，取消一定期限内财政性资金支持的科学技术活动管理资格；对直接负责的主管人员和其他直接责任人员依法给予处分。

**第一百一十四条** 违反本法规定，骗取国家科学技术奖励的，由主管部门依法撤销奖励，追回奖章、证书和奖金等，并依法给予处分。

违反本法规定，提名单位或者个人提供虚假数据、材料，协助他人骗取国家科学技术奖励的，由主管部门给予通报批评；情节严重的，暂停或者取消其提名资格，并依法给予处分。

**第一百一十五条** 违反本法规定的行为，本法未作行政处罚规定，其他有关法律、行政法规有规定的，依照其规定；造成财产损失或者其他损害的，依法承担民事责任；构成违反治安管理行为的，依法给予治安管理处罚；构成犯罪的，依法追究刑事责任。

## 第十二章　附　　则

**第一百一十六条**　涉及国防科学技术进步的其他有关事项，由国务院、中央军事委员会规定。

**第一百一十七条**　本法自 2022 年 1 月 1 日起施行。

# 中华人民共和国促进科技成果转化法

（1996 年 5 月 15 日第八届全国人民代表大会常务委员会第十九次会议通过　根据 2015 年 8 月 29 日第十二届全国人民代表大会常务委员会第十六次会议《关于修改〈中华人民共和国促进科技成果转化法〉的决定》修正）

## 第一章　总　　则

**第一条**　为了促进科技成果转化为现实生产力，规范科技成果转化活动，加速科学技术进步，推动经济建设和社会发展，制定本法。

**第二条** 本法所称科技成果，是指通过科学研究与技术开发所产生的具有实用价值的成果。职务科技成果，是指执行研究开发机构、高等院校和企业等单位的工作任务，或者主要是利用上述单位的物质技术条件所完成的科技成果。

本法所称科技成果转化，是指为提高生产力水平而对科技成果所进行的后续试验、开发、应用、推广直至形成新技术、新工艺、新材料、新产品，发展新产业等活动。

**第三条** 科技成果转化活动应当有利于加快实施创新驱动发展战略，促进科技与经济的结合，有利于提高经济效益、社会效益和保护环境、合理利用资源，有利于促进经济建设、社会发展和维护国家安全。

科技成果转化活动应当尊重市场规律，发挥企业的主体作用，遵循自愿、互利、公平、诚实信用的原则，依照法律法规规定和合同约定，享有权益，承担风险。科技成果转化活动中的知识产权受法律保护。

科技成果转化活动应当遵守法律法规，维护国家利益，不得损害社会公共利益和他人合法权益。

第四条　国家对科技成果转化合理安排财政资金投入，引导社会资金投入，推动科技成果转化资金投入的多元化。

第五条　国务院和地方各级人民政府应当加强科技、财政、投资、税收、人才、产业、金融、政府采购、军民融合等政策协同，为科技成果转化创造良好环境。

地方各级人民政府根据本法规定的原则，结合本地实际，可以采取更加有利于促进科技成果转化的措施。

第六条　国家鼓励科技成果首先在中国境内实施。中国单位或者个人向境外的组织、个人转让或者许可其实施科技成果的，应当遵守相关法律、行政法规以及国家有关规定。

第七条　国家为了国家安全、国家利益和重大社会公共利益的需要，可以依法组织实施或者许可他人实施相关科技成果。

第八条　国务院科学技术行政部门、经济综合管理部门和其他有关行政部门依照国务院规定的职责，管理、指导和协调科技成果转化工作。

地方各级人民政府负责管理、指导和协调本行政区域内的科技成果转化工作。

# 第二章　组织实施

**第九条**　国务院和地方各级人民政府应当将科技成果的转化纳入国民经济和社会发展计划，并组织协调实施有关科技成果的转化。

**第十条**　利用财政资金设立应用类科技项目和其他相关科技项目，有关行政部门、管理机构应当改进和完善科研组织管理方式，在制定相关科技规划、计划和编制项目指南时应当听取相关行业、企业的意见；在组织实施应用类科技项目时，应当明确项目承担者的科技成果转化义务，加强知识产权管理，并将科技成果转化和知识产权创造、运用作为立项和验收的重要内容和依据。

**第十一条**　国家建立、完善科技报告制度和科技成果信息系统，向社会公布科技项目实施情况以及科技成果和相关知识产权信息，提供科技成果信息查询、筛选等公益服务。公布有关信息不得泄露国家秘密和商业秘密。对不予公布的信息，有关部门应当及时告知相关科技项目承担者。

利用财政资金设立的科技项目的承担者应当按照规定及时提交相关科技报告，并将科技成果和相关知识产权信息汇交到科技成果信息系统。

国家鼓励利用非财政资金设立的科技项目的承担者提交相关科技报告，将科技成果和相关知识产权信息汇交到科技成果信息系统，县级以上人民政府负责相关工作的部门应当为其提供方便。

第十二条　对下列科技成果转化项目，国家通过政府采购、研究开发资助、发布产业技术指导目录、示范推广等方式予以支持：

（一）能够显著提高产业技术水平、经济效益或者能够形成促进社会经济健康发展的新产业的；

（二）能够显著提高国家安全能力和公共安全水平的；

（三）能够合理开发和利用资源、节约能源、降低消耗以及防治环境污染、保护生态、提高应对气候变化和防灾减灾能力的；

（四）能够改善民生和提高公共健康水平的；

（五）能够促进现代农业或者农村经济发展的；

（六）能够加快民族地区、边远地区、贫困地区社会经济发展的。

第十三条　国家通过制定政策措施，提倡和鼓励采用先进技术、工艺和装备，不断改进、限制使用或者淘汰落后技术、工艺和装备。

**第十四条** 国家加强标准制定工作，对新技术、新工艺、新材料、新产品依法及时制定国家标准、行业标准，积极参与国际标准的制定，推动先进适用技术推广和应用。

国家建立有效的军民科技成果相互转化体系，完善国防科技协同创新体制机制。军品科研生产应当依法优先采用先进适用的民用标准，推动军用、民用技术相互转移、转化。

**第十五条** 各级人民政府组织实施的重点科技成果转化项目，可以由有关部门组织采用公开招标的方式实施转化。有关部门应当对中标单位提供招标时确定的资助或者其他条件。

**第十六条** 科技成果持有者可以采用下列方式进行科技成果转化：

（一）自行投资实施转化；

（二）向他人转让该科技成果；

（三）许可他人使用该科技成果；

（四）以该科技成果作为合作条件，与他人共同实施转化；

（五）以该科技成果作价投资，折算股份或者出资比例；

（六）其他协商确定的方式。

**第十七条** 国家鼓励研究开发机构、高等院校采取转让、许可或者作价投资等方式，向企业或者其他组织转移科技成果。

国家设立的研究开发机构、高等院校应当加强对科技成果转化的管理、组织和协调，促进科技成果转化队伍建设，优化科技成果转化流程，通过本单位负责技术转移工作的机构或者委托独立的科技成果转化服务机构开展技术转移。

**第十八条** 国家设立的研究开发机构、高等院校对其持有的科技成果，可以自主决定转让、许可或者作价投资，但应当通过协议定价、在技术交易市场挂牌交易、拍卖等方式确定价格。通过协议定价的，应当在本单位公示科技成果名称和拟交易价格。

**第十九条** 国家设立的研究开发机构、高等院校所取得的职务科技成果，完成人和参加人在不变更职务科技成果权属的前提下，可以根据与本单位的协议进行该项科技成果的转化，并享有协议规定的权益。该单位对上述科技成果转化活动应当予以支持。

科技成果完成人或者课题负责人，不得阻碍职务科技成果的转化，不得将职务科技成果及其技术资料和数据占为己有，侵犯单位的合法权益。

第二十条 研究开发机构、高等院校的主管部门以及财政、科学技术等相关行政部门应当建立有利于促进科技成果转化的绩效考核评价体系，将科技成果转化情况作为对相关单位及人员评价、科研资金支持的重要内容和依据之一，并对科技成果转化绩效突出的相关单位及人员加大科研资金支持。

国家设立的研究开发机构、高等院校应当建立符合科技成果转化工作特点的职称评定、岗位管理和考核评价制度，完善收入分配激励约束机制。

第二十一条 国家设立的研究开发机构、高等院校应当向其主管部门提交科技成果转化情况年度报告，说明本单位依法取得的科技成果数量、实施转化情况以及相关收入分配情况，该主管部门应当按照规定将科技成果转化情况年度报告报送财政、科学技术等相关行政部门。

第二十二条 企业为采用新技术、新工艺、新材料和生产新产品，可以自行发布信息或者委托科技中介服务机构征集其所需的科技成果，或者征寻科技成果转化的合作者。

县级以上地方各级人民政府科学技术行政部门和其他有关部门应当根据职责分工，为企业获取所需的科技成果提供帮助和支持。

**第二十三条** 企业依法有权独立或者与境内外企业、事业单位和其他合作者联合实施科技成果转化。

企业可以通过公平竞争，独立或者与其他单位联合承担政府组织实施的科技研究开发和科技成果转化项目。

**第二十四条** 对利用财政资金设立的具有市场应用前景、产业目标明确的科技项目，政府有关部门、管理机构应当发挥企业在研究开发方向选择、项目实施和成果应用中的主导作用，鼓励企业、研究开发机构、高等院校及其他组织共同实施。

**第二十五条** 国家鼓励研究开发机构、高等院校与企业相结合，联合实施科技成果转化。

研究开发机构、高等院校可以参与政府有关部门或者企业实施科技成果转化的招标投标活动。

**第二十六条** 国家鼓励企业与研究开发机构、高等院校及其他组织采取联合建立研究开发平台、技术转移机构或者技术创新联盟等产学研合作方式，共同开展研究开发、成果应用与推广、标准研究与制定等活动。

合作各方应当签订协议，依法约定合作的组织形式、任务分工、资金投入、知识产权归属、权益分配、风险分担和违约责任等事项。

第二十七条　国家鼓励研究开发机构、高等院校与企业及其他组织开展科技人员交流，根据专业特点、行业领域技术发展需要，聘请企业及其他组织的科技人员兼职从事教学和科研工作，支持本单位的科技人员到企业及其他组织从事科技成果转化活动。

第二十八条　国家支持企业与研究开发机构、高等院校、职业院校及培训机构联合建立学生实习实践培训基地和研究生科研实践工作机构，共同培养专业技术人才和高技能人才。

第二十九条　国家鼓励农业科研机构、农业试验示范单位独立或者与其他单位合作实施农业科技成果转化。

第三十条　国家培育和发展技术市场，鼓励创办科技中介服务机构，为技术交易提供交易场所、信息平台以及信息检索、加工与分析、评估、经纪等服务。

科技中介服务机构提供服务，应当遵循公正、客观的原则，不得提供虚假的信息和证明，对其在服务过程中知悉的国家秘密和当事人的商业秘密负有保密义务。

第三十一条　国家支持根据产业和区域发展需要建设公共研究开发平台，为科技成果转化提供技术集成、共性技术研究开发、中间试验和工业性试验、科技成果系统化和工程化开发、技术推广与示范等服务。

第三十二条　国家支持科技企业孵化器、大学科技园等科技企业孵化机构发展，为初创期科技型中小企业提供孵化场地、创业辅导、研究开发与管理咨询等服务。

## 第三章　保障措施

第三十三条　科技成果转化财政经费，主要用于科技成果转化的引导资金、贷款贴息、补助资金和风险投资以及其他促进科技成果转化的资金用途。

第三十四条　国家依照有关税收法律、行政法规规定对科技成果转化活动实行税收优惠。

第三十五条　国家鼓励银行业金融机构在组织形式、管理机制、金融产品和服务等方面进行创新，鼓励开展知识产权质押贷款、股权质押贷款等贷款业务，为科技成果转化提供金融支持。

国家鼓励政策性金融机构采取措施，加大对科技成果转化的金融支持。

第三十六条　国家鼓励保险机构开发符合科技成果转化特点的保险品种，为科技成果转化提供保险服务。

第三十七条　国家完善多层次资本市场，支持企业通过股权交易、依法发行股票和债券等直接融资方式为科技成果转化项目进行融资。

第三十八条　国家鼓励创业投资机构投资科技成果转化项目。

国家设立的创业投资引导基金，应当引导和支持创业投资机构投资初创期科技型中小企业。

第三十九条　国家鼓励设立科技成果转化基金或者风险基金，其资金来源由国家、地方、企业、事业单位以及其他组织或者个人提供，用于支持高投入、高风险、高产出的科技成果的转化，加速重大科技成果的产业化。

科技成果转化基金和风险基金的设立及其资金使用，依照国家有关规定执行。

## 第四章　技 术 权 益

第四十条　科技成果完成单位与其他单位合作进行科技成果转化的，应当依法由合同约定该科技成果有关权益的归属。合同未作约定的，按照下列原则办理：

（一）在合作转化中无新的发明创造的，该科技成果的权益，归该科技成果完成单位；

（二）在合作转化中产生新的发明创造的，该新发明创造的权益归合作各方共有；

（三）对合作转化中产生的科技成果，各方都有实施该项科技成果的权利，转让该科技成果应经合作各方同意。

**第四十一条** 科技成果完成单位与其他单位合作进行科技成果转化的，合作各方应当就保守技术秘密达成协议；当事人不得违反协议或者违反权利人有关保守技术秘密的要求，披露、允许他人使用该技术。

**第四十二条** 企业、事业单位应当建立健全技术秘密保护制度，保护本单位的技术秘密。职工应当遵守本单位的技术秘密保护制度。

企业、事业单位可以与参加科技成果转化的有关人员签订在职期间或者离职、离休、退休后一定期限内保守本单位技术秘密的协议；有关人员不得违反协议约定，泄露本单位的技术秘密和从事与原单位相同的科技成果转化活动。

职工不得将职务科技成果擅自转让或者变相转让。

**第四十三条** 国家设立的研究开发机构、高等院校转化科技成果所获得的收入全部留归本单位，在对完成、转化职务科技成果做出重要贡献的人员给予奖励和报酬后，主要用于科学技术研究开发与成果转化等相关工作。

**第四十四条** 职务科技成果转化后，由科技成果完成单位对完成、转化该项科技成果做出重要贡献的人员给予奖励和报酬。

科技成果完成单位可以规定或者与科技人员约定奖励和报酬的方式、数额和时限。单位制定相关规定，应当充分听取本单位科技人员的意见，并在本单位公开相关规定。

**第四十五条** 科技成果完成单位未规定、也未与科技人员约定奖励和报酬的方式和数额的，按照下列标准对完成、转化职务科技成果做出重要贡献的人员给予奖励和报酬：

（一）将该项职务科技成果转让、许可给他人实施的，从该项科技成果转让净收入或者许可净收入中提取不低于百分之五十的比例；

（二）利用该项职务科技成果作价投资的，从该项科技成果形成的股份或者出资比例中提取不低于百分之五十的比例；

（三）将该项职务科技成果自行实施或者与他人合作实施的，应当在实施转化成功投产后连续三至五年，每年从实施该项科技成果的营业利润中提取不低于百分之五的比例。

国家设立的研究开发机构、高等院校规定或者与科技人员约定奖励和报酬的方式和数额应当符合前款第一项至第三项规定的标准。

国有企业、事业单位依照本法规定对完成、转化职务科技成果做出重要贡献的人员给予奖励和报酬的支出计入当年本单位工资总额，但不受当年本单位工资总额限制、不纳入本单位工资总额基数。

## 第五章　法律责任

**第四十六条**　利用财政资金设立的科技项目的承担者未依照本法规定提交科技报告、汇交科技成果和相关知识产权信息的，由组织实施项目的政府有关部门、管理机构责令改正；情节严重的，予以通报批评，禁止其在一定期限内承担利用财政资金设立的科技项目。

国家设立的研究开发机构、高等院校未依照本法规定提交科技成果转化情况年度报告的，由其主管部门责令改正；情节严重的，予以通报批评。

**第四十七条**　违反本法规定，在科技成果转化活动中弄虚作假，采取欺骗手段，骗取奖励和荣誉称号、诈骗钱财、非法牟利的，由政府有关部门依照管理职责责令改正，取消该奖励和荣誉称号，没收违法所得，并处以罚款。给他人造成经济损失的，依法承担民事赔偿责任。构成犯罪的，依法追究刑事责任。

**第四十八条** 科技服务机构及其从业人员违反本法规定，故意提供虚假的信息、实验结果或者评估意见等欺骗当事人，或者与当事人一方串通欺骗另一方当事人的，由政府有关部门依照管理职责责令改正，没收违法所得，并处以罚款；情节严重的，由工商行政管理部门依法吊销营业执照。给他人造成经济损失的，依法承担民事赔偿责任；构成犯罪的，依法追究刑事责任。

科技中介服务机构及其从业人员违反本法规定泄露国家秘密或者当事人的商业秘密的，依照有关法律、行政法规的规定承担相应的法律责任。

**第四十九条** 科学技术行政部门和其他有关部门及其工作人员在科技成果转化中滥用职权、玩忽职守、徇私舞弊的，由任免机关或者监察机关对直接负责的主管人员和其他直接责任人员依法给予处分；构成犯罪的，依法追究刑事责任。

**第五十条** 违反本法规定，以唆使窃取、利诱胁迫等手段侵占他人的科技成果，侵犯他人合法权益的，依法承担民事赔偿责任，可以处以罚款；构成犯罪的，依法追究刑事责任。

**第五十一条** 违反本法规定，职工未经单位允许，泄露本单位的技术秘密，或者擅自转让、变相转让职务科技成果的，参加科技成果转化的有关人员违反与本单位的协议，在离职、离休、退休后约定的期限内从事与原单位相同的科技成果转化活动，给本单位造成经济损失的，依法承担民事赔偿责任；构成犯罪的，依法追究刑事责任。

## 第六章　附　　则

**第五十二条** 本法自 1996 年 10 月 1 日起施行。

# 中共中央办公厅、国务院办公厅关于新时代进一步加强科学技术普及工作的意见

（2022 年 9 月 4 日）

科学技术普及（以下简称科普）是国家和社会普及科学技术知识、弘扬科学精神、传播科学思想、倡导科学方法的

活动，是实现创新发展的重要基础性工作。党的十八大以来，我国科普事业蓬勃发展，公民科学素质快速提高，同时还存在对科普工作重要性认识不到位、落实科学普及与科技创新同等重要的制度安排尚不完善、高质量科普产品和服务供给不足、网络伪科普流传等问题。面对新时代新要求，为进一步加强科普工作，现提出如下意见。

一、总体要求

（一）指导思想。以习近平新时代中国特色社会主义思想为指导，坚持把科学普及放在与科技创新同等重要的位置，强化全社会科普责任，提升科普能力和全民科学素质，推动科普全面融入经济、政治、文化、社会、生态文明建设，构建社会化协同、数字化传播、规范化建设、国际化合作的新时代科普生态，服务人的全面发展、服务创新发展、服务国家治理体系和治理能力现代化、服务推动构建人类命运共同体，为实现高水平科技自立自强、建设世界科技强国奠定坚实基础。

（二）工作要求。坚持党的领导，把党的领导贯彻到科普工作全过程，突出科普工作政治属性，强化价值引领，践行社会主义核心价值观，大力弘扬科学精神和科学家精神。坚持服务大局，聚焦"四个面向"和高水平科技自立自强，全面提高全民科学素质，厚植创新沃土，以科普高质量发展更好服务党和国家中心工作。坚持统筹协同，树立大科普理念，推动科普工作融入经济社会发展各领域各环节，加强协同联动和资源共享，构建政府、社会、市场等协同推进的社会化科普发展格局。坚持开放合作，推动更大范围、更高水平、更加紧密的科普国际交流，共筑对话平台，增进开放互信、合作共享、文明互鉴，推进全球可持续发展，推动构建人类命运共同体。

（三）发展目标。到2025年，科普服务创新发展的作用显著提升，科学普及与科技创新同等重要的制度安排基本形成，科普工作和科学素质建设体系优化完善，全社会共同参与的大科普格局加快形成，科普公共服务覆盖率和科研人员科普参与率显著提高，公民具备科学素质比例超过15%，全社会热爱科学、崇尚创新的氛围更加浓厚。到2035年，公民具备科学素质比例达到25%，科普服务高质量发展能效显著，科学文化软实力显著增强，为世界科技强国建设提供有力支撑。

## 二、强化全社会科普责任

（四）各级党委和政府要履行科普工作领导责任。落实科普相关法律法规，把科普工作纳入国民经济和社会发展规划、列入重要议事日程，与科技创新协同部署推进。统筹日常科普和应急科普，深入实施全民科学素质行动，为全社会开展科普工作创造良好环境和条件。

（五）各行业主管部门要履行科普行政管理责任。各级科学技术行政部门要强化统筹协调，切实发挥科普工作联席会议机制作用，加强科普工作规划，强化督促检查，加强科普能力建设，按有关规定开展科普表彰奖励。各级各有关部门要加强行业领域科普工作的组织协调、服务引导、公共应急、监督考评等。

（六）各级科学技术协会要发挥科普工作主要社会力量作用。各级科学技术协会要履行全民科学素质行动牵头职责，强化科普工作职能，加强国际科技人文交流，提供科普决策咨询服务。有关群团组织和社会组织要根据工作对象特点，在各自领域开展科普宣传教育。

（七）各类学校和科研机构要强化科普工作责任意识。发挥学校和科研机构科教资源丰富、科研设施完善的优势，加大科普资源供给。学校要加强科学教育，不断提升师生科学素质，积极组织并支持师生开展丰富多彩的科普活动。科研机构要加强科普与科研结合，为开展科普提供必要的支持和保障。

（八）企业要履行科普社会责任。企业要积极开展科普活动，加大科普投入，促进科普工作与科技研发、产品推广、创新创业、技能培训等有机结合，提高员工科学素质，把科普作为履行社会责任的重要内容。

（九）各类媒体要发挥传播渠道重要作用。广播、电视、报刊、网络等各类媒体要加大科技宣传力度，主流媒体要发挥示范引领作用，增加科普内容。各类新兴媒体要强化责任意识，加强对科普作品等传播内容的科学性审核。

（十）广大科技工作者要增强科普责任感和使命感。发挥自身优势和专长，积极参与和支持科普事业，自觉承担科普责任。注重提升科普能力，运用公众易于理解、接受和参与的方式开展科普。积极弘扬科学家精神，恪守科学道德准则，为提高全民科学素质作出表率。鼓励和支持老科技工作者积极参与科普工作。

（十一）公民要自觉提升科学素质。公民要积极参与科普活动，主动学习、掌握、运用科技知识，自觉抵制伪科学、反科学等不良现象。

## 三、加强科普能力建设

（十二）强化基层科普服务。围绕群众的教育、健康、安全等需求，深入开展科普工作，提升基层科普服务能力。

依托城乡社区综合服务设施，积极动员学校、医院、科研院所、企业、社会组织等，广泛开展以科技志愿服务为重要手段的基层科普活动。建立完善跨区域科普合作和共享机制，鼓励有条件的地区开展全领域行动、全地域覆盖、全媒体传播、全民参与共享的全域科普行动。

（十三）完善科普基础设施布局。加强科普基础设施在城市规划和建设中的宏观布局，促进全国科普基础设施均衡发展。鼓励建设具有地域、产业、学科等特色的科普基地。全面提升科技馆服务能力，推动有条件的地方因地制宜建设科技馆，支持和鼓励多元主体参与科技馆等科普基础设施建设，加强科普基础设施、科普产品及服务规范管理。充分利用公共文化体育设施开展科普宣传和科普活动。发挥重大科技基础设施、综合观测站等在科普中的重要作用。充分利用信息技术，深入推进科普信息化发展，大力发展线上科普。

（十四）加强科普作品创作。以满足公众需求为导向，持续提升科普作品原创能力。依托现有科研、教育、文化等力量，实施科普精品工程，聚焦"四个面向"创作一批优秀科普作品，培育高水平科普创作中心。鼓励科技工作者与文学、艺术、教育、传媒工作者等加强交流，多形式开展科普创作。运用新技术手段，丰富科普作品形态。支持科普展品研发和科幻作品创作。加大对优秀科普作品的推广力度。

（十五）提升科普活动效益。发挥重大科技活动示范引领作用，展示国家科技创新成就，举办科普惠民活动，充分展现科技创新对推动经济社会高质量发展和满足人民群众美好生活需要的支撑作用。面向群众实际需求和经济社会发展典型问题，积极开展针对性强的高质量公益科普。

（十六）壮大科普人才队伍。培育一支专兼结合、素质优良、覆盖广泛的科普工作队伍。优化科普人才发展政策环境，畅通科普工作者职业发展通道，增强职业认同。合理制定专职科普工作者职称评聘标准。广泛开展科普能力培训，依托高等学校、科研院所、科普场馆等加强对科普专业人才的培养和使用，推进科普智库建设。加强科普志愿服务组织和队伍建设。

（十七）推动科普产业发展。培育壮大科普产业，促进科普与文化、旅游、体育等产业融合发展。推动科普公共服务市场化改革，引入竞争机制，鼓励兴办科普企业，加大优质科普产品和服务供给。鼓励科技领军企业加大科普投入，促进科技研发、市场推广与科普有机结合。加强科普成果知识产权保护。

（十八）加强科普交流合作。健全国际科普交流机制，拓宽科技人文交流渠道，实施国际科学传播行动。引进国外优秀科普成果。积极加入或牵头创建国际科普组织，开展青少年国际科普交流，策划组织国际科普活动，加强重点领域科普交流，增强国际合作共识。打造区域科普合作平台，推动优质资源共建共享。

### 四、促进科普与科技创新协同发展

（十九）发挥科技创新对科普工作的引领作用。大力推进科技资源科普化，加大具备条件的科技基础设施和科技创新基地向公众开放力度，因地制宜开展科普活动。组织实施各级各类科技计划（专项、基金）要合理设置科普工作任务，充分发挥社会效益。注重宣传国家科技发展重点方向和科技创新政策，引导社会形成理解和支持科技创新的正确导向，为科学研究和技术应用创造良好氛围。

（二十）发挥科普对科技成果转化的促进作用。聚焦战略导向基础研究和前沿技术等科技创新重点领域开展针对性科普，在安全保密许可的前提下，及时向公众普及科学新发现和技术创新成果。引导社会正确认识和使用科技成果，让科技成果惠及广大人民群众。鼓励在科普中率先应用新技术，营造新技术应用良好环境。推动建设科技成果转移转化示范区、高新技术产业开发区等，搭建科技成果科普宣介平台，促进科技成果转化。

## 五、强化科普在终身学习体系中的作用

（二十一）强化基础教育和高等教育中的科普。将激发青少年好奇心、想象力，增强科学兴趣和创新意识作为素质教育重要内容，把弘扬科学精神贯穿于教育全过程。建立科学家有效参与基础教育机制，充分利用校外科技资源加强科学教育。加强幼儿园和中小学科学教育师资配备和科学类教材编用，提升教师科学素质。高等学校应设立科技相关通识课程，满足不同专业、不同学习阶段学生需求，鼓励和支持学生开展创新实践活动和科普志愿服务。

（二十二）强化对领导干部和公务员的科普。在干部教育培训中增加科普内容比重，突出科学精神、科学思想培育，加强前沿科技知识和全球科技发展趋势学习，提高领导干部和公务员科学履职能力。

（二十三）强化职业学校教育和职业技能培训中的科普。弘扬工匠精神，提升技能素质，培育高技能人才队伍。发挥基层农村专业技术协会、科技志愿服务等农业科技社会化服务体系作用，深入推进科技特派员制度，引导优势科普资源

向农村流动，助力乡村振兴。

（二十四）强化老龄工作中的科普。依托老年大学（学校、学习点）、社区学院（学校、学习点）、养老服务机构等，在老年人群中广泛普及卫生健康、网络通信、智能技术、安全应急等老年人关心、需要又相对缺乏的知识技能，提升老年人信息获取、识别、应用等能力。

## 六、营造热爱科学、崇尚创新的社会氛围

（二十五）加强科普领域舆论引导。坚持正确政治立场，强化科普舆论阵地建设和监管。增强科普领域风险防控意识和国家安全观念，强化行业自律规范。建立科技创新领域舆论引导机制，掌握科技解释权。坚决破除封建迷信思想，打击假借科普名义进行的抹黑诋毁和思想侵蚀活动，整治网络传播中以科普名义欺骗群众、扰乱社会、影响稳定的行为。

（二十六）大力弘扬科学家精神。继承和发扬老一代科学家优秀品质，加大对优秀科技工作者和创新团队的宣传力度，深入挖掘精神内涵，推出一批内蕴深厚、形式多样的优秀作品，引导广大科技工作者自觉践行科学家精神，引领更多青少年投身科技事业。

（二十七）加强民族地区、边疆地区、欠发达地区科普

工作。推广一批实用科普产品和服务，组织实施科技下乡进村入户等科普活动，引导优质科普资源向民族地区、边疆地区、欠发达地区流动，推动形成崇尚科学的风尚，促进铸牢中华民族共同体意识和巩固拓展脱贫攻坚成果。

## 七、加强制度保障

（二十八）构建多元化投入机制。各级党委和政府要保障对科普工作的投入，将科普经费列入同级财政预算。鼓励通过购买服务、项目补贴、以奖代补等方式支持科普发展。鼓励和引导社会资金通过建设科普场馆、设立科普基金、开展科普活动等形式投入科普事业。依法制定鼓励社会力量兴办科普事业的政策措施。

（二十九）完善科普奖励激励机制。对在科普工作中作出突出贡献的组织和个人按照国家有关规定给予表彰。完善科普工作者评价体系，在表彰奖励、人才计划实施中予以支持。鼓励相关单位把科普工作成效作为职工职称评聘、业绩考核的参考。合理核定科普场馆绩效工资总量，对工作成效明显的适当核增绩效工资总量。

（三十）强化工作保障和监督评估。完善科普法律法规体系，推动修订《中华人民共和国科学技术普及法》，健全相关配套政策，加强政策衔接。开展科普理论和实践研究，加强科普调查统计等基础工作。加强科普规范化建设，完善科普工作标准和评估评价体系，适时开展科普督促检查。合理设置科普工作在文明城市、卫生城镇、园林城市、环保模范城市、生态文明示范区等评选体系中的比重。

# 二、行政法规

# 国家自然科学基金条例

（2007 年 2 月 24 日中华人民共和国国务院令第
487 号公布　2024 年 11 月 8 日中华人民共和国国务
院令第 796 号修订）

## 第一章　总　　则

第一条　为了规范国家自然科学基金的使用与管理，提
高国家自然科学基金使用效能，加强基础研究，培养科学技
术人才，增强自主创新能力，实施创新驱动发展战略，推动
实现高水平科技自立自强，根据《中华人民共和国科学技术
进步法》，制定本条例。

第二条　国家自然科学基金工作坚持党中央集中统一
领导。

国家自然科学基金工作应当面向世界科技前沿、面向经
济主战场、面向国家重大需求、面向人民生命健康。

第三条　国家设立国家自然科学基金，用于资助基础研
究，支持人才培养和团队建设。

国家自然科学基金资助工作实行尊重科学、发扬民主、提倡竞争、促进合作、激励创新、引领未来的方针，培育和践行社会主义核心价值观，遵循公开、公平、公正的原则。

**第四条** 国家自然科学基金主要来源于中央预算拨款。

国家鼓励地方人民政府、企业和其他组织投入资金开展联合资助，建立科技创新合作机制。国家鼓励社会力量向国家自然科学基金捐赠。

国家自然科学基金的资金应当全额纳入预算管理。

**第五条** 国家自然科学基金资助项目（以下简称基金资助项目），应当推动基础研究自由探索和目标导向有机结合，根据基金发展规划和年度基金项目指南予以确定。

确定基金资助项目应当充分发挥专家的作用，采取宏观引导、自主申请、平等竞争、同行评审、择优支持的机制。

**第六条** 国家自然科学基金管理机构（以下简称基金管理机构）依法管理国家自然科学基金，制定国家自然科学基金资助与管理制度，负责资助计划、项目设置，以及评审、立项、监督等组织实施工作，提升国家自然科学基金资助效能。

国务院科学技术主管部门依法对国家自然科学基金工作进行宏观管理、统筹协调和监督检查。国务院财政部门依法对国家自然科学基金的预算、财务、会计进行管理和监督，对基金的运行情况开展绩效评价，根据评价结果调整完善政策、改进管理、优化预算安排。审计机关依法对国家自然科学基金的使用与管理进行审计监督。

第七条　基金管理机构应当加强国家自然科学基金工作信息化建设，推动完善科研诚信管理信息共享、基金资助项目成果共享等机制，加强基金资助项目与其他科学技术计划项目的衔接与协调。

## 第二章　组织与规划

第八条　基金管理机构应当根据国民经济和社会发展规划、科学技术发展规划以及科学技术发展状况，制定基金发展规划和年度基金项目指南。基金发展规划应当明确优先发展的领域，年度基金项目指南应当规定优先支持的项目范围。

国家自然科学基金应当设立专项资金，用于培养青年科学技术人才，支持在科学技术领域取得突出成绩且具有明显创新潜力的青年人才。

基金管理机构制定基金发展规划和年度基金项目指南，应当广泛听取高等学校、科学研究机构、学术团体和有关国家机关、企业的意见，组织有关专家进行科学论证。年度基金项目指南应当在受理基金资助项目申请起始之日 30 日前公布。

第九条　基金管理机构应当确定依托单位作为基金资助项目及其资金管理的责任主体。

中华人民共和国境内具有独立法人资格、具备基础研究能力的高等学校、科学研究机构和其他公益性机构，以及其他符合国家规定的单位，可以在基金管理机构注册为依托单位。基金管理机构应当定期公布已注册的依托单位名单。

依托单位应当建立和完善基金资助项目管理、科研诚信、科技伦理管理等制度，遵守科学技术活动管理规范。

第十条　依托单位在基金资助管理工作中履行下列职责：

（一）组织申请人申请国家自然科学基金资助；

（二）审核申请人或者项目负责人所提交材料的真实性、完整性和合法性；

（三）提供基金资助项目实施的条件，保障项目负责人和参与者实施基金资助项目的时间；

（四）跟踪基金资助项目的实施，管理和监督基金资助资金的使用；

（五）配合基金管理机构、科学技术主管部门和相关行业主管部门对基金资助项目的实施和资金的使用进行监督、检查和绩效评价；

（六）加强基金资助项目研究成果的知识产权管理，支持研究成果开放获取，促进研究成果转化；

（七）对违背科研诚信和科技伦理的行为进行调查处理；

（八）完成基金管理机构委托的其他工作。

基金管理机构、科学技术主管部门和相关行业主管部门对依托单位的基金资助管理工作进行指导、监督。

## 第三章　申请与评审

第十一条　依托单位的科学技术人员具备下列条件的，可以申请国家自然科学基金资助：

（一）具有承担基础研究课题或者其他从事基础研究的经历；

（二）具有高级专业技术职务（职称）或者具有博士学位，或者有 2 名与其研究领域相同、具有高级专业技术职务（职称）的科学技术人员推荐。

符合条件的从事基础研究的科学技术人员无工作单位或

者所在单位不是依托单位的，取得依托单位的同意，可以依照本条例规定申请国家自然科学基金资助。

申请人应当是申请基金资助项目的负责人。

第十二条　申请人申请国家自然科学基金资助，应当以年度基金项目指南为基础确定研究项目，在规定期限内通过依托单位向基金管理机构提出书面申请。

申请人申请国家自然科学基金资助，应当提交证明申请人符合本条例第十一条规定条件的材料。

申请人申请基金资助的项目研究内容已获得其他资助的，应当在申请材料中说明资助情况。申请人应当对所提交申请材料的真实性、完整性和合法性负责。

申请人、参与者及其依托单位应当遵守科研诚信和科技伦理要求，签署科研诚信和科技伦理承诺书，承诺不从事危害国家安全、损害社会公共利益、危害人体健康、违背科研诚信和科技伦理的科学技术研究开发和应用活动，没有虚构、伪造、剽窃、篡改等行为。

第十三条　基金管理机构应当自基金资助项目申请截止之日起45日内，完成对申请材料的初步审查。有下列情形之一的，不予受理，通过依托单位书面通知申请人，并说明理由：

（一）申请人不符合本条例规定条件的；

（二）申请材料不符合年度基金项目指南要求的；

（三）申请人、参与者因有违背科研诚信和科技伦理等行为被禁止承担或者参与财政性资金支持的科学技术活动的；

（四）申请人、参与者申请基金资助项目超过基金管理机构规定的数量的。

**第十四条** 基金管理机构应当聘请具有较高的学术水平、良好的职业道德的同行专家，对已受理的基金资助项目申请进行评审。评审专家聘请、评审活动管理和相关监督保障机制的具体办法由基金管理机构制定。

**第十五条** 基金管理机构对已受理的基金资助项目申请，应当先从同行专家库中随机选择3名以上专家进行通讯评审。基金管理机构应当根据通讯评审评分等情况确定进入会议评审的项目申请，组织专家进行会议评审。对因国家经济、社会发展特殊需要或者其他特殊情况临时提出的基金资助项目申请，可以只进行通讯评审或者会议评审。

评审专家对基金管理机构安排其评审的基金资助项目申请认为难以作出学术判断或者没有精力评审的，应当及时告知基金管理机构；基金管理机构应当依照本条例规定，选择其他评审专家进行评审。

第十六条 评审专家按照国家自然科学基金资助导向，对基金资助项目申请从科学价值、创新性、社会影响以及研究方案的可行性等方面进行独立判断和评价，提出评审意见。

评审专家对基金资助项目申请提出评审意见，还应当考虑申请人和参与者的研究经历、基金资助资金使用计划的合理性、研究内容获得其他资助的情况、申请人实施基金资助项目的情况以及继续予以资助的必要性。

会议评审提出的评审意见应当通过投票表决。

第十七条 为了鼓励原创性基础研究工作，对重大原创性、交叉学科创新等基金资助项目，基金管理机构可以制定专门的申请与评审规定。

第十八条 基金管理机构根据本条例的规定和专家提出的评审意见，决定予以资助的研究项目。基金管理机构不得以与评审专家有不同的学术观点为由否定专家的评审意见。

基金管理机构在作出资助决定前，应当按照国家有关规定，通过科研诚信管理信息系统，及时开展严重失信行为数据比对、核查等工作。

基金管理机构决定予以资助的，应当及时书面通知申请人和依托单位；决定不予资助的，应当及时书面通知申请人和依托单位，并说明理由。

基金管理机构应当整理专家评审意见，并向申请人提供。

**第十九条** 申请人对基金管理机构作出的不予受理或者不予资助的决定不服的，可以自收到通知之日起15日内，向基金管理机构提出书面复审请求。对评审专家的学术判断有不同意见，不得作为提出复审请求的理由。

基金管理机构对申请人提出的复审请求，应当自收到之日起60日内完成审查。基金管理机构认为原决定符合本条例规定的，予以维持，并书面通知申请人；认为原决定不符合本条例规定的，撤销原决定，重新对申请人的基金资助项目申请组织评审专家进行评审、作出决定，并书面通知申请人和依托单位。

**第二十条** 在基金资助项目评审工作中，基金管理机构工作人员、评审专家有下列情形之一的，应当申请回避：

（一）基金管理机构工作人员、评审专家是申请人、参与者近亲属，或者与其有其他关系可能影响公正评审的；

（二）评审专家自己申请的基金资助项目与申请人申请

的基金资助项目相同或者相近的；

（三）评审专家与申请人、参与者属于同一法人单位的。

基金管理机构根据申请，经审查作出是否回避的决定。基金管理机构作出是否回避的决定，应当说明理由。

基金管理机构发现其工作人员、评审专家有本条第一款规定的需要回避情形的，可以不经申请直接作出回避决定。

基金资助项目申请人可以向基金管理机构提供3名以内不适宜评审其申请的评审专家名单，基金管理机构在选择评审专家时应当根据实际情况予以考虑。

**第二十一条** 基金管理机构工作人员、评审专家均应当签署科研诚信承诺书。基金管理机构工作人员不得申请或者参与申请国家自然科学基金资助，不得干预评审专家的评审工作。评审专家应当遵守科研诚信要求和评审行为规范，独立、客观、公正开展评审工作，不得由他人代为评审，不得有接受请托、说情干预等不公正评审行为，不得利用工作便利谋取不正当利益。

基金管理机构工作人员、评审专家均应当依法承担保密义务，不得以任何方式披露未公开的评审专家的基本情况、评审意见、评审结果等与评审有关的信息。

## 第四章　资助与实施

**第二十二条**　申请人收到基金管理机构的基金资助通知后，即作为基金资助项目的负责人组织开展研究工作。

依托单位和项目负责人自收到基金资助通知之日起 20 日内，按照评审专家的评审意见、基金管理机构确定的基金资助额度填写项目计划书，报基金管理机构核准。

依托单位和项目负责人填写项目计划书，除根据评审专家的评审意见和基金管理机构确定的基金资助额度对已提交的申请书内容进行调整外，不得对其他内容进行变更。

**第二十三条**　基金管理机构对本年度予以资助的研究项目，应当按照《中华人民共和国预算法》和国库集中支付制度等有关规定，办理基金资助项目拨款。

项目负责人应当依法依规使用基金资助资金，依托单位应当对项目负责人使用基金资助资金的情况进行管理和监督，在其职责范围内及时审批项目资金调整事项。项目负责人、参与者及其依托单位不得以任何方式虚报、冒领、贪污、侵占、挪用、截留基金资助资金。

基金资助资金使用与管理的具体办法由国务院财政部门

会同基金管理机构制定。

第二十四条　项目负责人应当根据项目计划书组织开展研究工作，做好基金资助项目实施情况的原始记录，通过依托单位向基金管理机构提交项目年度进展报告。

依托单位应当审核项目年度进展报告，查看基金资助项目实施情况的原始记录，并向基金管理机构提交年度基金资助项目管理报告。

基金管理机构应当对项目年度进展报告和年度基金资助项目管理报告进行审查。

第二十五条　基金资助项目实施中，依托单位不得擅自变更项目负责人。

项目负责人有下列情形之一的，依托单位应当及时提出变更项目负责人或者终止基金资助项目实施的申请，报基金管理机构批准；基金管理机构也可以直接作出终止基金资助项目实施的决定：

（一）不再是依托单位科学技术人员的；

（二）不能继续开展研究工作的；

（三）其他客观原因导致项目无法继续实施的。

项目负责人调入另一依托单位工作的，经所在依托单位与原依托单位协商一致，由原依托单位提出变更依托单位的申请，报基金管理机构批准。协商不一致的，基金管理机构作出终止该项目负责人所负责的基金资助项目实施的决定。

第二十六条　基金资助项目实施中，研究内容或者研究计划需要作出重大调整的，项目负责人应当及时提出申请，经依托单位审核后报基金管理机构批准。

第二十七条　自基金资助项目资助期满之日起 60 日内，项目负责人应当通过依托单位向基金管理机构提交结题报告；基金资助项目取得研究成果的，应当同时提交研究成果报告。

依托单位应当对结题报告进行审核，建立基金资助项目档案。依托单位审核结题报告，应当查看基金资助项目实施情况的原始记录。

第二十八条　基金管理机构应当及时审查结题报告。对不符合结题要求的，应当提出处理意见，并书面通知依托单位和项目负责人。

基金管理机构应当按照国家科学技术报告制度的要求，将结题报告、研究成果报告和基金资助项目摘要予以公布，促进基金资助项目成果的传播与共享。

第二十九条　发表基金资助项目取得的研究成果，应当注明得到国家自然科学基金资助。

基金资助项目所形成的科学数据，应当由依托单位按照国家科学数据管理的有关规定汇交到相关科学数据中心。

## 第五章　监督与管理

第三十条　基金管理机构应当对基金资助项目实施情况、依托单位履行职责情况进行以抽查为主要方式的监督检查，确保监督检查全面覆盖。抽查时应当查看基金资助项目实施情况的原始记录和资金使用与管理情况。抽查结果应当予以记录并公布。

基金管理机构应当建立项目负责人和依托单位的基金资助项目信誉档案。

第三十一条　基金管理机构应当定期对评审专家履行评审职责情况进行评估，评估时应当参考申请人的意见；根据评估结果，建立评审专家信誉档案。

第三十二条　基金管理机构应当在每个会计年度结束时，公布本年度基金资助的项目、基金资助资金的拨付情况以及对违反本条例规定行为的处罚情况等。

基金管理机构应当配合国务院财政部门和科学技术主管

部门开展基金绩效评价，并应当按照全面实施预算绩效管理的要求，建立健全绩效管理制度，定期对基金使用情况开展绩效评价，强化绩效评价结果应用，加大绩效信息公开力度。

**第三十三条** 任何单位或者个人发现基金管理机构及其工作人员、评审专家、依托单位及其相关工作人员、申请人或者项目负责人、参与者有违反本条例规定行为的，可以检举或者控告。

基金管理机构应当公布联系电话、通讯地址和电子邮件地址。

**第三十四条** 基金管理机构依照本条例规定对外公开有关信息，应当遵守国家有关保密规定。

基金管理机构应当健全科技安全制度和风险防范机制，加强科学技术研究、开发与应用活动的安全管理，支持国家安全领域科技创新，增强科技创新支撑国家安全的能力和水平。

**第三十五条** 对违反本条例规定，有科研诚信严重失信行为的个人、组织，按照国家有关规定记入科研诚信严重失信行为数据库，实施联合惩戒。

# 第六章　法　律　责　任

**第三十六条**　申请人、参与者有下列行为之一的，由基金管理机构给予警告，正在申请基金资助的，取消其当年申请或者参与申请国家自然科学基金资助的资格；其申请项目已实施资助的，撤销原资助决定，追回已拨付的基金资助资金；情节较重的，1至3年不得申请或者参与申请国家自然科学基金资助；情节严重的，3至5年不得申请或者参与申请国家自然科学基金资助：

（一）虚构、伪造、剽窃、篡改申请材料的；

（二）以请托、贿赂等不正当方式干预评审工作的；

（三）有其他违背科研诚信和科技伦理行为的。

申请人、参与者有前款所列行为的，由依托单位按照人事管理有关规定取消其在一定期限内参加专业技术职称评审的资格。

**第三十七条**　项目负责人、参与者有下列行为之一的，由基金管理机构给予警告，暂缓拨付基金资助资金，并责令限期改正；逾期不改正的，撤销原资助决定，追回已拨付的基金资助资金；情节较重的，1至5年不得申请或者参与申请国家自然科学基金资助；情节严重的，5 至 7 年不得申请或者参与申请国家自然科学基金资助：

（一）擅自变更研究方向或者降低申报指标的；

（二）不依照本条例规定提交项目年度进展报告、结题报告或者研究成果报告的；

（三）提交弄虚作假的报告、原始记录或者相关材料的；

（四）成果发表署名不实或者虚假标注资助信息的；

（五）不配合监督、检查或者绩效评价工作的；

（六）虚报、冒领、贪污、侵占、挪用、截留基金资助资金的；

（七）虚构、伪造、剽窃、篡改研究数据或者结果的；

（八）有其他违背科研诚信和科技伦理行为的。

项目负责人、参与者有前款所列行为的，由依托单位按照人事管理有关规定取消其在一定期限内参加专业技术职称评审的资格。

**第三十八条**　依托单位有下列情形之一的，由基金管理机构给予警告，责令限期改正；逾期不改正的，核减基金资助资金，并可以暂停拨付或者追回已拨付的基金资助资金；情节较重的，1 至 3 年不得作为依托单位；情节严重的，向社会公布其违法行为，3 至 5 年不得作为依托单位：

（一）不履行保障基金资助项目研究条件的职责的；

（二）不对申请人或者项目负责人提交的材料的真实性、完整性和合法性进行审核的；

（三）不依照本条例规定提交项目年度进展报告、年度基金资助项目管理报告、结题报告和研究成果报告的；

（四）组织、参与、纵容、包庇申请人或者项目负责人、参与者弄虚作假的；

（五）擅自变更项目负责人的；

（六）不配合基金管理机构监督、检查基金资助项目实施的；

（七）虚报、冒领、贪污、侵占、挪用、截留基金资助资金的；

（八）违反保密规定或者管理严重失职，造成不良影响或者损失的；

（九）以请托、贿赂等不正当方式干预评审工作的；

（十）不履行科研诚信和科技伦理相关管理职责的。

**第三十九条** 评审专家有下列行为之一的，由基金管理机构给予警告，责令限期改正；情节较重的，2 至 7 年不得聘请其为评审专家；情节严重的，向社会公布其违法行为，不得再聘请其为评审专家：

（一）不履行基金管理机构规定的评审职责的；

（二）未依照本条例规定申请回避的；

（三）披露未公开的与评审有关的信息的；

（四）对基金资助项目申请有接受请托、说情干预等不公正评审行为的；

（五）利用工作便利谋取不正当利益的。

**第四十条**　基金管理机构工作人员有下列行为之一的，依法依规给予组织处理、处分：

（一）未依照本条例规定申请回避的；

（二）披露未公开的与评审有关的信息的；

（三）干预评审专家评审工作的；

（四）利用工作便利谋取不正当利益的；

（五）有其他滥用职权、玩忽职守、徇私舞弊行为的。

**第四十一条**　违反有关财政法律、行政法规规定的，依法依规予以处罚、处分。

**第四十二条**　申请人或者项目负责人、参与者违反本条例规定，情节特别严重的，或者从事危害国家安全、损害社会公共利益、危害人体健康、违背科研诚信和科技伦理的科学技术研究开发和应用活动的，终身不得申请或者参与申请国家自然科学基金资助。

违反本条例规定受到处理的科学技术人员，在处理期内不得聘请其为评审专家；情节特别严重的，终身不得聘请其为评审专家。

**第四十三条** 违反本条例规定，构成违反治安管理行为的，依法给予治安管理处罚；构成犯罪的，依法追究刑事责任。

## 第七章 附 则

**第四十四条** 基金管理机构在基金资助工作中，涉及项目组织实施费和与基础研究有关的学术交流活动、基础研究环境建设活动的基金资助资金的使用与管理的，按照国务院财政部门的有关规定执行。

**第四十五条** 本条例自 2025 年 1 月 1 日起施行。

# 国家科学技术奖励条例

（1999 年 5 月 23 日中华人民共和国国务院令第 265 号发布　根据 2003 年 12 月 20 日《国务院关于修改〈国家科学技术奖励条例〉的决定》第一次修订　根据 2013 年 7 月 18 日《国务院关于废止和修改部分行政法规的决定》第二次修订　2020 年 10 月 7 日中华人民共和国国务院令第 731 号第三次修订　根据 2024 年 5 月 26 日《国务院关于修改〈国家科学技术奖励条例〉的决定》第四次修订）

## 第一章　总　　则

**第一条**　为了奖励在科学技术进步活动中做出突出贡献的个人、组织，调动科学技术工作者的积极性和创造性，建设创新型国家和世界科技强国，根据《中华人民共和国科学技术进步法》，制定本条例。

**第二条**　国家设立下列国家科学技术奖：

（一）国家最高科学技术奖；

（二）国家自然科学奖；

（三）国家技术发明奖；

（四）国家科学技术进步奖；

（五）中华人民共和国国际科学技术合作奖。

**第三条** 国家科学技术奖应当坚持国家战略导向，与国家重大战略需要和中长期科技发展规划紧密结合。国家加大对自然科学基础研究和应用基础研究的奖励。国家自然科学奖应当注重前瞻性、理论性，国家技术发明奖应当注重原创性、实用性，国家科学技术进步奖应当注重创新性、效益性。

**第四条** 国家科学技术奖励工作坚持党中央集中统一领导，实施创新驱动发展战略，贯彻尊重劳动、尊重知识、尊重人才、尊重创造的方针，培育和践行社会主义核心价值观。

国家科学技术奖励工作重大事项，应当按照有关规定报党中央。

**第五条** 国家维护国家科学技术奖的公正性、严肃性、权威性和荣誉性，将国家科学技术奖授予追求真理、潜心研究、学有所长、研有所专、敢于超越、勇攀高峰的科技工作者。

国家科学技术奖的提名、评审和授予，不受任何组织或者个人干涉。

**第六条** 国务院科学技术行政部门负责国家科学技术奖

的相关办法制定和评审活动的组织工作。对涉及国家安全的项目，应当采取严格的保密措施。

国家科学技术奖励应当实施绩效管理。

**第七条** 国家设立国家科学技术奖励委员会。国家科学技术奖励委员会聘请有关方面的专家、学者等组成评审委员会和监督委员会，负责国家科学技术奖的评审和监督工作。

国家科学技术奖励委员会的组成人员人选由国务院科学技术行政部门提出，报党中央、国务院批准。

## 第二章　国家科学技术奖的设置

**第八条** 国家最高科学技术奖授予下列中国公民：

（一）在当代科学技术前沿取得重大突破或者在科学技术发展中有卓越建树的；

（二）在科学技术创新、科学技术成果转化和高技术产业化中，创造巨大经济效益、社会效益、生态环境效益或者对维护国家安全做出巨大贡献的。

国家最高科学技术奖不分等级，每次授予人数不超过2名。

**第九条** 国家自然科学奖授予在基础研究和应用基础研

究中阐明自然现象、特征和规律，做出重大科学发现的个人。

前款所称重大科学发现，应当具备下列条件：

（一）前人尚未发现或者尚未阐明；

（二）具有重大科学价值；

（三）得到国内外自然科学界公认。

**第十条** 国家技术发明奖授予运用科学技术知识做出产品、工艺、材料、器件及其系统等重大技术发明的个人。

前款所称重大技术发明，应当具备下列条件：

（一）前人尚未发明或者尚未公开；

（二）具有先进性、创造性、实用性；

（三）经实施，创造显著经济效益、社会效益、生态环境效益或者对维护国家安全做出显著贡献，且具有良好的应用前景。

**第十一条** 国家科学技术进步奖授予完成和应用推广创新性科学技术成果，为推动科学技术进步和经济社会发展做出突出贡献的个人、组织。

前款所称创新性科学技术成果，应当具备下列条件：

（一）技术创新性突出，技术经济指标先进；

（二）经应用推广，创造显著经济效益、社会效益、生态环境效益或者对维护国家安全做出显著贡献；

（三）在推动行业科学技术进步等方面有重大贡献。

**第十二条** 国家自然科学奖、国家技术发明奖、国家科学技术进步奖分为一等奖、二等奖 2 个等级；对做出特别重大的科学发现、技术发明或者创新性科学技术成果的，可以授予特等奖。

**第十三条** 中华人民共和国国际科学技术合作奖授予对中国科学技术事业做出重要贡献的下列外国人或者外国组织：

（一）同中国的公民或者组织合作研究、开发，取得重大科学技术成果的；

（二）向中国的公民或者组织传授先进科学技术、培养人才，成效特别显著的；

（三）为促进中国与外国的国际科学技术交流与合作，做出重要贡献的。

中华人民共和国国际科学技术合作奖不分等级。


## 第三章 国家科学技术奖的提名、评审和授予

**第十四条** 国家科学技术奖实行提名制度，不受理自

荐。候选者由下列单位或者个人提名：

（一）符合国务院科学技术行政部门规定的资格条件的专家、学者、组织机构；

（二）中央和国家机关有关部门，中央军事委员会科学技术部门，省、自治区、直辖市、计划单列市人民政府。

香港特别行政区、澳门特别行政区、台湾地区的有关个人、组织的提名资格条件，由国务院科学技术行政部门规定。

中华人民共和国驻外使馆、领馆可以提名中华人民共和国国际科学技术合作奖的候选者。

第十五条 提名者应当严格按照提名办法提名，提供提名材料，对材料的真实性和准确性负责，并按照规定承担相应责任。

提名办法由国务院科学技术行政部门制定。

第十六条 在科学技术活动中有下列情形之一的，相关个人、组织不得被提名或者授予国家科学技术奖：

（一）危害国家安全、损害社会公共利益、危害人体健康、违反伦理道德的；

（二）有科研不端行为，按照国家有关规定被禁止参与国家科学技术奖励活动的；

（三）有国务院科学技术行政部门规定的其他情形的。

**第十七条**　国务院科学技术行政部门应当建立覆盖各学科、各领域的评审专家库，并及时更新。评审专家应当精通所从事学科、领域的专业知识，具有较高的学术水平和良好的科学道德。

**第十八条**　评审活动应当坚持公开、公平、公正的原则。评审专家与候选者有重大利害关系，可能影响评审公平、公正的，应当回避。

评审委员会的评审委员和参与评审活动的评审专家应当遵守评审工作纪律，不得有利用评审委员、评审专家身份牟取利益或者与其他评审委员、评审专家串通表决等可能影响评审公平、公正的行为。

评审办法由国务院科学技术行政部门制定。

**第十九条**　评审委员会设立评审组进行初评，评审组负责提出初评建议并提交评审委员会。

参与初评的评审专家从评审专家库中抽取产生。

**第二十条**　评审委员会根据相关办法对初评建议进行评审，并向国家科学技术奖励委员会提出各奖种获奖者和奖励等级的建议。

监督委员会根据相关办法对提名、评审和异议处理工作全程进行监督，并向国家科学技术奖励委员会报告监督情况。

国家科学技术奖励委员会根据评审委员会的建议和监督委员会的报告，作出各奖种获奖者和奖励等级的决议。

**第二十一条** 国务院科学技术行政部门对国家科学技术奖励委员会作出的各奖种获奖者和奖励等级的决议进行审核，报党中央、国务院批准。

**第二十二条** 国家最高科学技术奖报请国家主席签署并颁发奖章、证书和奖金。

国家自然科学奖、国家技术发明奖、国家科学技术进步奖颁发证书和奖金。

中华人民共和国国际科学技术合作奖颁发奖章和证书。

**第二十三条** 国家科学技术奖提名和评审的办法、奖励总数、奖励结果等信息应当向社会公布，接受社会监督。

涉及国家安全的保密项目，应当严格遵守国家保密法律法规的有关规定，加强项目内容的保密管理，在适当范围内公布。

**第二十四条** 国家科学技术奖励工作实行科研诚信审核制度。国务院科学技术行政部门负责建立提名专家、学者、组织机构和评审委员、评审专家、候选者的科研诚信严重失信行为数据库。

禁止任何个人、组织进行可能影响国家科学技术奖提名和评审公平、公正的活动。

**第二十五条** 国家最高科学技术奖的奖金数额由国务院科学技术行政部门会同财政部门提出，报党中央、国务院批准。

国家自然科学奖、国家技术发明奖、国家科学技术进步奖的奖金数额由国务院科学技术行政部门会同财政部门规定。

国家科学技术奖的奖励经费列入中央预算。

**第二十六条** 宣传国家科学技术奖获奖者的突出贡献和创新精神，应当遵守法律法规的规定，做到安全、保密、适度、严谨。

**第二十七条** 禁止使用国家科学技术奖名义牟取不正当利益。

## 第四章 法 律 责 任

**第二十八条** 候选者进行可能影响国家科学技术奖提名和评审公平、公正的活动的，由国务院科学技术行政部门给予通报批评，取消其参评资格，并由所在单位或者有关部门依法给予处分。

其他个人或者组织进行可能影响国家科学技术奖提名和评审公平、公正的活动的，由国务院科学技术行政部门给予通报批评；相关候选者有责任的，取消其参评资格。

**第二十九条** 评审委员、评审专家违反国家科学技术奖评审工作纪律的，由国务院科学技术行政部门取消其评审委员、评审专家资格，并由所在单位或者有关部门依法给予处分。

**第三十条** 获奖者剽窃、侵占他人的发现、发明或者其他科学技术成果的，或者以其他不正当手段骗取国家科学技术奖的，由国务院科学技术行政部门报党中央、国务院批准后撤销奖励，追回奖章、证书和奖金，并由所在单位或者有关部门依法给予处分。

**第三十一条** 提名专家、学者、组织机构提供虚假数据、材料，协助他人骗取国家科学技术奖的，由国务院科学技术行政部门给予通报批评；情节严重的，暂停或者取消其提名资格，并由所在单位或者有关部门依法给予处分。

**第三十二条** 违反本条例第二十七条规定的，由有关部门依照相关法律、行政法规的规定予以查处。

**第三十三条** 对违反本条例规定，有科研诚信严重失信行为的个人、组织，记入科研诚信严重失信行为数据库，并共享至全国信用信息共享平台，按照国家有关规定实施联合惩戒。

**第三十四条** 国家科学技术奖的候选者、获奖者、评审委员、评审专家和提名专家、学者涉嫌违反其他法律、行政法规的，国务院科学技术行政部门应当通报有关部门依法予以处理。

**第三十五条** 参与国家科学技术奖评审组织工作的人员在评审活动中滥用职权、玩忽职守、徇私舞弊的，依法给予处分；构成犯罪的，依法追究刑事责任。

## 第五章 附 则

**第三十六条** 有关部门根据国家安全领域的特殊情况，可以设立部级科学技术奖；省、自治区、直辖市、计划单列市人民政府可以设立一项省级科学技术奖。具体办法由设奖部门或者地方人民政府制定，并报国务院科学技术行政部门及有关单位备案。

设立省部级科学技术奖，应当按照精简原则，严格控制奖励数量，提高奖励质量，优化奖励程序。其他国家机关、群众团体，以及参照公务员法管理的事业单位，不得设立科学技术奖。

第三十七条　国家鼓励社会力量设立科学技术奖。社会力量设立科学技术奖的，在奖励活动中不得收取任何费用。

国务院科学技术行政部门应当对社会力量设立科学技术奖的有关活动进行指导服务和监督管理，并制定具体办法。

第三十八条　本条例自 2020 年 12 月 1 日起施行。

# 三、部门规章及文件

# 科学技术部行政处罚实施办法

（2023 年 3 月 2 日科学技术部令第 20 号公布
自 2023 年 4 月 20 日起施行）

## 第一章　总　　则

**第一条**　为了规范科学技术部（以下称科技部）行政处罚行为，保障和监督行政处罚的有效实施，维护公共利益和科技行政管理秩序，保护公民、法人和其他组织的合法权益，根据《中华人民共和国科学技术进步法》《中华人民共和国行政处罚法》《中华人民共和国行政强制法》等法律和行政法规，制定本办法。

**第二条**　公民、法人或者其他组织在中华人民共和国领域内违反科技行政管理秩序的行为，依照《中华人民共和国科学技术进步法》《中华人民共和国促进科技成果转化法》《中华人民共和国科学技术普及法》《中华人民共和国生物安全法》《中华人民共和国人类遗传资源管理条例》《国家科学技术奖励条例》等法律、行政法规、规章的规定，应当由科技部实施行政处罚的，适用本办法。

第三条　科技部实施行政处罚，应当遵循公开公正、程序合法、宽严相济、过罚相当的原则，严格按照法定程序，规范行使裁量权，维护行政处罚决定执行的严肃性，依法保障当事人的陈述权、申辩权，以及要求听证、申请行政复议、提起行政诉讼等权利。

第四条　科技部以及参与案件办理的有关人员对实施行政处罚过程中知悉的国家秘密、商业秘密和个人隐私应当依法予以保密。

## 第二章　行政处罚的实施机关

第五条　科技部在法定职权范围内实施行政处罚，科技部的内设机构和直属事业单位不得以自己的名义实施行政处罚。

第六条　科技部各执法职能部门（以下称执法职能部门）按照职责分工，负责本业务领域行政处罚案件的立案、调查取证、实施查封扣押、提出处理意见、送达处罚决定、执行处罚决定等。

科技部法制机构负责对重大行政处罚决定进行法制审核，依法组织听证。

科技部政府信息公开工作机构会同执法职能部门负责行政处罚相关政府信息公开工作。

**第七条** 科技部可以依照法律、行政法规、规章的规定，在法定职权范围内委托其他行政机关或者具有管理公共事务职能的组织（以下称受委托组织）实施行政处罚。

委托行政处罚应当采取书面方式，由执法职能部门报科技部负责人批准后制发委托书，并向社会公布。委托书应当载明委托的具体事项、权限、期限等内容。

受委托组织应当在委托范围内以科技部名义实施行政处罚，不得再委托其他组织或者个人实施行政处罚。

**第八条** 执法职能部门应当对受委托组织实施相关行政处罚进行监督。发现受委托组织丧失委托条件、违法实施行政处罚或者有其他不宜继续委托情形的，执法职能部门应当报科技部负责人批准后解除委托。

## 第三章　行政处罚的决定

### 第一节　基本规定

**第九条** 科技部可以根据工作需要依法制定行政处罚裁

量权基准，依法合理细化具体情节、量化罚款幅度。

行政处罚裁量权基准应当包括违法行为、法定依据、裁量阶次、适用条件和具体标准等内容。

科技部制定的行政处罚裁量权基准应当向社会公布。行政处罚裁量权基准所依据的法律、行政法规、规章作出修改，或者客观情势发生重大变更的，应当及时进行调整。

第十条 科技部实施行政处罚，应当以法律、行政法规、规章为依据，合理确定行政处罚的种类和幅度。

有行政处罚裁量权基准的，应当在行政处罚决定书中对行政处罚裁量权基准的适用情况予以明确。

第十一条 科技部行政处罚应当由具有行政执法资格的执法人员实施。执法人员不得少于两人，法律另有规定的除外。

执法人员在进行案件调查、检查等直接面对当事人或者有关人员的活动中，应当主动出示行政执法证和调查、检查通知书等执法文书。

第十二条 在实施行政处罚过程中，执法人员有下列情形之一的，应当主动回避，当事人及其代理人也有权申请其回避：

（一）是案件当事人或者当事人近亲属的；

（二）本人或者其近亲属与案件有利害关系的；

（三）是案件的证人或者鉴定人的；

（四）与案件有其他关系，可能影响公正处理的；

（五）法律、行政法规规定应当回避的其他情形。

第十三条　当事人或者其代理人对执法人员提出回避申请的，执法职能部门应当依法审查并提出是否回避的意见，报科技部负责人决定是否回避。回避决定作出前，不停止案件调查。

第十四条　实施行政处罚过程中，作出影响公民、法人或者其他组织权利义务的决定，应当书面告知其获得救济的途径和期限。特殊情况下采取口头方式告知的，应当制作笔录。

第十五条　执法职能部门应当对行政处罚过程进行文字记录，并根据行政处罚活动的环节、类别，采用相应音像记录形式：

（一）对现场调查取证、举行听证、留置送达等易引起争议的环节，应当根据实际情况进行音像记录。

（二）对查封扣押财物等直接涉及当事人重大利益的现场执法活动，应当推行全程音像记录。

第十六条　除涉及国家秘密、商业秘密、个人隐私等依法不得公开的情形外，科技部作出的具有一定社会影响的行政处罚决定应当依法公开，由执法职能部门会同政府信息公开工作机构在科技部网站公布。

公开的行政处罚决定被依法变更、撤销、确认违法或者确认无效的，执法职能部门应当在三个工作日内撤回行政处罚决定信息并公开说明理由。

**第十七条** 已作出的行政处罚决定存在未载明非主要事项等遗漏情形，对当事人合法权益没有实质影响的，应当予以补正；存在文字或者计算错误等情形，对当事人合法权益没有实质影响的，应当予以更正。

作出补正或者更正的，执法职能部门应当制作补正或者更正文书，报科技部负责人批准后送达当事人。

**第十八条** 执法职能部门在案件办理过程中获取的物品、设备、文字、视听资料、电子数据等证据材料应当及时进行登记并妥善保管。

## 第二节　立　案

**第十九条** 执法职能部门在监督管理过程中发现违法线索，收到违法行为的举报、控告，或者收到其他机关移送的违法线索，应当进行登记。

科技部其他部门收到举报、控告或者其他机关移送的违法线索的，应当及时转交相关执法职能部门。

**第二十条** 执法职能部门应当在线索登记之日起十五个工作日内，对线索进行初步核实，提出是否立案的建议，报科技部负责人决定是否立案；线索复杂的，经科技部负责人批准，可以延长十五个工作日。

**第二十一条** 经初步核实认为存在应当给予行政处罚的违法行为，且科技部具有管辖权的，应当予以立案。

经核实没有发现违法行为、科技部不具有管辖权、违法行为已超过法定追究时效，或者存在其他依法不予立案情形的，不予立案。对科技部不具有管辖权的违法线索，应当及时移送有管辖权的机关。

### 第三节 调查取证

**第二十二条** 执法人员应当收集与案情有关的、能够证实违法行为性质和情节的证据。

证据类型包括书证、物证、视听资料、电子数据、证人证言、当事人陈述、鉴定意见、勘验笔录、现场笔录等。

**第二十三条** 执法人员不得以胁迫、利诱、欺骗等不正当手段收集证据，不得伪造证据。

第二十四条　执法人员进行调查取证，有权采取以下措施：

（一）要求被调查单位或者个人提供与案件有关的文件资料，并就相关问题作出说明；

（二）对当事人或者相关人员进行询问；

（三）进入涉案现场进行检查、拍照、录音、摄像，查阅和复制相关材料；

（四）对涉案物品、设施、场所进行先行登记保存；

（五）对涉案场所、物品、资料进行查封、扣押；

（六）法律、行政法规规定可以采取的其他措施。

第二十五条　执法人员对当事人或者相关人员进行调查、询问时，应当制作《行政案件调查询问笔录》，如实完整记录调查询问的时间和地点、被调查人或者被询问人的基本信息、与案件有关的事实和经过、有关证据情况等。调查询问过程进行录音、录像的，应当事先告知被调查人、被询问人。

《行政案件调查询问笔录》应当由被调查人、被询问人核对无误后逐页签字或者盖章。被调查人、被询问人拒绝签字或者盖章的，执法人员应当在笔录上注明。笔录应当由在场的至少两名执法人员签字，并载明时间。

第二十六条　调取的书证、物证应当是原件、原物。调取原件、原物确有困难的，可以调取复制件，注明"经核对与原件无异"字样或者相关文字说明。复制件及有关书证应当由证据提供人签字或者盖章，证据提供人拒绝签字或者盖章的，执法人员应当注明。

调取的视听资料、电子数据应当是原始载体或者备份介质。调取原始载体、备份介质确有困难的，可以调取复制件，注明复制件的制作方法、制作时间、制作人等情况。复制件应当由证据提供人签字或者盖章，证据提供人拒绝签字或者盖章的，执法人员应当注明。

第二十七条　为查明案情，需要对案件中专门性问题进行检测、检验、检疫、鉴定的，执法职能部门应当委托具有法定资质的机构进行；没有法定资质机构的，可以委托其他具备条件的机构进行。

第二十八条　执法人员收集证据时，发现证据可能灭失或者以后难以取得的，经所在执法职能部门报科技部负责人批准后可以先行登记保存。

依法对涉案相关物品先行登记保存的，执法职能部门应当制作《登记保存物品清单》，并向当事人或者物品持有人出具《登记保存物品通知书》。

执法人员实施先行登记保存时，应当通知当事人或者物品持有人到场，并在现场笔录中记载相关情况，必要时可以进行全程录音录像。

第二十九条 执法职能部门对先行登记保存的证据，应当在七个工作日内根据具体情况作出下列处理决定：

（一）需要采取证据保全措施的，应当采取记录、复制、拍照、录像等证据保全措施，返还登记保存物品；

（二）需要检测、检验、检疫、鉴定的，送交具有相应资质或者条件的机构进行检测、检验、检疫、鉴定；

（三）违法事实成立，依法应当予以没收的，应当作出行政处罚决定，没收非法财物；

（四）违法事实不成立，或者违法事实成立但依法不应当予以没收的，解除先行登记保存。

逾期未作出处理决定的，应当及时解除先行登记保存。

第三十条 下列证据不能作为行政处罚的定案依据：

（一）以非法手段取得的证据；

（二）被进行技术处理而无法辨明真伪的证据材料；

（三）不能正确表达意思的证人提供的证言；

（四）不具备真实性、合法性的其他证据材料；

（五）法律、行政法规规定不能作为定案依据的其他证据材料。

## 第四节　查封扣押

**第三十一条**　为制止违法行为、防止证据损毁、避免危害发生、控制危险扩大等，科技部可以依法采取查封场所、设施、财物或者扣押财物等行政强制措施。

查封、扣押限于涉案的场所、设施或者财物，不得查封、扣押与违法行为无关的场所、设施或者财物；不得查封、扣押公民个人及其扶养家属的生活必需品；不得对已被其他机关依法查封的场所、设施或者财物重复查封。

**第三十二条**　执法职能部门认为需要依法实施查封、扣押的，应当报科技部负责人批准后实施。

查封、扣押应当严格按照《中华人民共和国行政强制法》第十八条的规定，由两名以上执法人员实施，制作并当场交付查封、扣押决定书和清单。

**第三十三条**　查封、扣押的期限不得超过三十日。情况复杂的，经科技部负责人批准后可以延长，但是延长期限不得超过三十日，法律、行政法规另有规定的除外。延长查封、扣押决定应当及时书面告知当事人，并说明理由。

对查封、扣押的物品进行检测、检验、检疫或者鉴定的期间，不计算在查封、扣押期间内。

**第三十四条** 采取查封、扣押措施后，应当及时查清事实，在规定期限内作出处理决定。

对违法事实清楚，依法应当没收的非法财物予以没收；法律、行政法规规定应当销毁的，依法销毁；应当解除查封、扣押的，及时作出解除查封、扣押决定。

**第三十五条** 有下列情形之一的，应当及时作出解除查封、扣押决定，并立即退还财物：

（一）当事人没有违法行为的；

（二）被查封、扣押的财物与违法行为无关的；

（三）对违法行为已作出处理，不再需要查封、扣押的；

（四）查封、扣押期限已经届满的；

（五）不再需要采取查封、扣押措施的其他情形。

### 第五节 处罚意见事先告知

**第三十六条** 案件调查结束后，执法职能部门应当制作调查报告。调查报告应当载明以下内容：

（一）当事人的基本情况；

（二）调查经过及采取强制措施的情况；

（三）调查认定的事实及主要证据；

（四）受调查行为的性质及后果；

（五）其他需要说明的事项。

**第三十七条**　确有应受行政处罚的违法行为的，执法职能部门应当根据情节轻重及具体情况，提出给予相应行政处罚的意见，报科技部负责人批准后，制作《行政处罚意见告知书》并送达当事人。

违法事实不成立，或者违法行为轻微，依法可以不予行政处罚的，执法职能部门应当提出不予行政处罚的意见，报科技部负责人批准后，制作《不予行政处罚意见告知书》并送达当事人。

违法行为涉嫌犯罪的，执法职能部门应当报科技部负责人批准后，移送司法机关。

案件情节复杂或者对重大违法行为给予行政处罚的，执法职能部门可以在报科技部负责人批准前，征求科技部法制机构意见。

**第三十八条**　《行政处罚意见告知书》应当载明拟作出的行政处罚内容及事实、理由、依据，告知当事人依法享有陈述、申辩的权利。拟作出的行政处罚属于听证范围的，还应当告知当事人有要求听证的权利。

《不予行政处罚意见告知书》应当载明拟作出的不予行政处罚决定的事实、理由、依据，告知当事人依法享有陈述、申辩的权利。

第六节　陈述申辩

**第三十九条**　案件当事人行使陈述、申辩权的，应当自《行政处罚意见告知书》或者《不予行政处罚意见告知书》送达之日起五个工作日内向执法职能部门书面提出，逾期未提出的，视为放弃上述权利。

**第四十条**　执法职能部门应当充分听取当事人的陈述、申辩，当事人的主张成立的，应当采纳。听取陈述申辩后，执法职能部门应当依照《中华人民共和国行政处罚法》第五十七条规定提出处理意见。不得因当事人的陈述、申辩而给予更重的处罚。

第七节　听　　证

**第四十一条**　科技部拟作出的行政处罚决定属于下列情形之一的，应当告知当事人有要求听证的权利。当事人要求听证的，应当组织听证：

（一）对公民处以一万元以上罚款的；

（二）对法人或者其他组织处以一百万元以上罚款的；

（三）对公民处以没收违法所得和非法财物价值总额达

到一万元以上的；

（四）对法人或者其他组织处以没收违法所得和非法财物价值总额达到一百万元以上的；

（五）降低资质等级、吊销许可证件的；

（六）责令停产停业、责令关闭、限制从业的；

（七）法律、行政法规规定应当听证的其他情形。

科技部制定的其他规章对前款第一至第四项所列数额标准另有规定的，从其规定。

**第四十二条** 案件当事人要求听证的，应当自《行政处罚意见告知书》送达之日起五个工作日内向科技部法制机构书面提出并提交有关材料，逾期未提出的，视为放弃上述权利。

科技部法制机构收到听证申请后，应当制作《科技部行政处罚听证通知书》，载明听证的日期、地点等，并在举行听证七个工作日前送达当事人及有关人员。

**第四十三条** 案件当事人可以亲自参加听证，也可以委托一至二人代理。委托他人代理参加听证的，应当提交书面委托书，载明委托事项及权限，并由委托人签字或者盖章。

案件当事人及其代理人无正当理由不出席听证或者未经许可中途退出听证的，视为放弃听证权利，听证依法终止。

案件当事人中途主动要求终止听证的，应当准许。

第四十四条 听证由科技部法制机构负责人或者其指定的人员主持，可以设一至二名听证员和一至二名记录员协助主持人进行听证。执法职能部门应当委派参与案件调查处理的两名以上执法人员参加听证。

参与案件调查处理的执法人员不得担任听证主持人、听证员和记录员。除涉及国家秘密、商业秘密或者个人隐私外，听证应当公开举行，允许公众旁听。

第四十五条 听证实行回避制度。听证员、记录员的回避，由听证主持人决定；听证主持人的回避，由科技部法制机构主要负责人决定；听证主持人是科技部法制机构主要负责人的，其回避由科技部负责人决定。

第四十六条 听证应按照下列程序进行：

（一）听证主持人宣布听证开始；

（二）听证主持人或者听证员宣读听证纪律；

（三）执法人员就当事人的违法事实向听证主持人提出有关证据、依据和处理意见；

（四）案件当事人或者代理人出示证据，进行申辩和质证；

（五）听证双方就本案相关事实和认定进行辩论；

（六）听证双方作最后陈述；

（七）听证主持人或者听证员制作《科技部行政处罚听证笔录》，由听证双方核对无误后签字或者盖章，拒绝签字或者盖章的，听证主持人应当在笔录中注明。

听证结束后，执法职能部门应当根据听证笔录，依照《中华人民共和国行政处罚法》第五十七条规定提出处理意见。听证笔录应当及时归入行政处罚案卷。

### 第八节　法制审核

**第四十七条**　有下列情形之一的，在作出行政处罚决定前，应当进行法制审核：

（一）涉及重大公共利益的；

（二）直接关系当事人或者第三人重大权益，经过听证程序的；

（三）案件情况疑难复杂、涉及多个法律关系的；

（四）法律、行政法规规定应当法制审核的其他情形。

**第四十八条**　属于本办法第四十七条规定情形的，执法职能部门应当将拟作出的行政处罚决定、调查报告、案件材料等送科技部法制机构进行法制审核。当事人对行政处罚意见告知提出陈述、申辩意见或者经过听证程序的，执法职能部门应当同时送交对当事人意见和证据复核采纳情况的书面说明。

科技部法制机构根据《中华人民共和国行政处罚法》《科技部法制审核工作暂行办法》等规定，对拟作出的行政处罚决定进行法制审核，并出具法制审核意见。

对应当开展法制审核而未经法制审核或者法制审核未通过的，不得作出行政处罚决定。

### 第九节　行政处罚决定和送达

**第四十九条**　拟作出的行政处罚决定经法制审核且审核通过的，由执法职能部门提交科技部党组会、部务会或者其他专题会议，经科技部负责人集体讨论后，形成行政处罚决定。

拟作出的行政处罚决定不属于本办法第四十七条规定情形的，不需要进行法制审核，由执法职能部门报科技部负责人批准后，形成行政处罚决定。

**第五十条**　经科技部负责人批准或者集体讨论决定后，执法职能部门应当在七个工作日内制作《行政处罚决定书》或者《不予行政处罚决定书》，依照《中华人民共和国民事诉讼法》的规定送达当事人。

《行政处罚决定书》应当载明下列事项：

（一）当事人的姓名或者名称、地址；

（二）违反法律、行政法规、规章的事实和证据；

（三）行政处罚的种类和依据；

（四）行政处罚的履行方式和期限；

（五）申请行政复议、提起行政诉讼的途径和期限；

（六）作出决定的行政机关名称和决定日期；

（七）法律、行政法规规定应当载明的其他事项。

《不予行政处罚决定书》应当载明下列事项：

（一）当事人的姓名或者名称、地址；

（二）认定的事实、不予行政处罚的理由和依据；

（三）申请行政复议、提起行政诉讼的途径和期限；

（四）作出决定的行政机关名称和决定日期；

（五）法律、行政法规规定应当载明的其他事项。

**第五十一条** 行政处罚决定应当自立案之日起九十日内作出。案情复杂，不能在规定期限内作出行政处罚决定的，经科技部负责人批准，可以延长六十日。案情特别复杂，经延期仍不能作出行政处罚决定的，由科技部负责人集体讨论决定是否继续延期。决定延期的，应当同时确定延长的合理期限，但最长不得超过六十日。

案件办理过程中涉及的听证、公告、检测、检验、检疫、鉴定、审计、中止等时间不计入前款案件办理期限。

科技部制定的其他规章对案件办理期限另有规定的，从其规定。

## 第四章　行政处罚决定的执行

**第五十二条**　行政处罚决定作出后，当事人应当在《行政处罚决定书》载明的期限内履行。

**第五十三条**　当事人确有经济困难，向科技部提出延期或者分期缴纳罚款的，应当在《行政处罚决定书》载明的履行期限内以书面方式提出申请。

执法职能部门收到当事人延期、分期缴纳罚款的申请后，应当在十个工作日内作出是否准许决定。

**第五十四条**　当事人不履行行政处罚决定，且在法定期限内未申请行政复议、提起行政诉讼的，执法职能部门应当自期限届满之日起十个工作日内制发《履行行政处罚决定催告书》，书面催告当事人履行义务，并告知履行的期限和方式、依法享有的陈述权和申辩权。涉及金钱给付义务的，应当载明金额和给付方式。

**第五十五条**　当事人收到《履行行政处罚决定催告书》后有权进行陈述、申辩。执法职能部门应当对当事人提出的陈述、申辩进行复核。当事人提出的事实、理由和证据成立的，应当予以采纳。

**第五十六条**　经催告，当事人逾期仍不履行罚款的行政处罚决定且无正当理由的，执法职能部门可以提出每日按罚款数额的百分之三，总数额不超过罚款数额的加处罚款的行政强制执行建议，报科技部负责人批准后，作出行政强制执行决定，送达当事人。

科技部实施加处罚款超过三十日，经催告当事人仍不履行的，如已经依法采取查封、扣押措施，执法职能部门可以提出将已查封、扣押的财物依法拍卖抵缴罚款的行政强制执行建议，报科技部负责人批准后，作出行政强制执行决定，送达当事人。如未采取查封、扣押措施，应当向被执行人住所地或者被执行财产所在地的人民法院申请强制执行。

**第五十七条**　科技部实施行政处罚，应当严格实行罚缴分离制度。罚款和违法所得应当由当事人按照《中华人民共和国行政处罚法》第六十七条的规定上缴国库。

**第五十八条**　《履行行政处罚决定催告书》送达十个工作日后，当事人仍未履行非罚款的行政处罚决定的，执法职能部门报科技部负责人批准后，依照《中华人民共和国行政强制法》第五十三条的规定向人民法院申请强制执行。

**第五十九条** 《履行行政处罚决定催告书》、行政强制执行决定书应当直接送达当事人。当事人拒绝接收或者无法直接送达当事人的，应当依照《中华人民共和国民事诉讼法》的有关规定进行送达。

**第六十条** 对依法没收的非法物品，经科技部负责人批准，按照物品的不同性质分别作出下列处理：

（一）按照国家有关规定公开拍卖，拍卖所得全部款项上缴国库；

（二）没有价值或者价值轻微等无法拍卖的物品，统一登记造册后销毁；

（三）违禁品、危险物品、特殊性质物品等禁止或者不宜流入市场的物品，按照有关规定统一登记造册后销毁或者交有关机构进行处理。

# 第五章 法 律 责 任

**第六十一条** 执法职能部门及其执法人员有下列情形之一的，依法追究行政责任：

（一）干扰、阻挠、拒绝行政执法监督的；

（二）被举报、投诉经依法审查被确认违法的；

（三）行政不作为造成严重不良影响的；

（四）隐瞒案件事实、出具伪证、隐匿毁灭证据或者以权谋私的；

（五）法律、行政法规、规章规定应当追究行政责任的其他情形。

**第六十二条** 执法职能部门及其执法人员违反本办法规定，科技部视具体情况作出以下处理：

（一）责令立即纠正或者限期改正；

（二）责令履行法定职责；

（三）撤销违法行政行为；

（四）注销行政执法证；

（五）对有关责任人员给予政务处分。

**第六十三条** 违法实施行政处罚对当事人合法权益造成侵害的，科技部依法予以赔偿。

**第六十四条** 实施行政处罚过程中，存在滥用职权、徇私舞弊、玩忽职守、贪污受贿等行为的，对负有责任的领导人员和直接责任人员依法依纪追究责任；构成犯罪的，依法追究刑事责任。

## 第六章　附　　则

**第六十五条**　本办法涉及期限的规定，注明为工作日的，不包含法定节假日；未注明为工作日的，为自然日。

本办法所称"以上""不得超过""不超过""内"均包括本数或者本级。

**第六十六条**　本办法由科技部负责解释。

**第六十七条**　本办法自 2023 年 4 月 20 日起施行。

# 社会力量设立科学技术奖管理办法

（2023 年 2 月 6 日　国科发奖〔2023〕11 号）

## 第一章　总　　则

**第一条**　为引导社会力量设立科学技术奖（以下简称社会科技奖）规范健康发展，提高社会科技奖整体水平，根据《中华人民共和国科学技术进步法》《国家功勋荣誉表彰条例》《国家科学技术奖励条例》等法律法规，制定本办法。

第二条　本办法适用于社会科技奖的设立、运行、指导服务和监督管理等工作。

第三条　本办法所称社会科技奖指国内外的组织或者个人（以下称设奖者）利用非财政性经费，在中华人民共和国境内面向社会设立，奖励在基础研究、应用研究、技术开发以及推进科技成果转化应用等活动中为促进科学技术进步作出突出贡献的个人、组织的经常性科学技术奖。

第四条　有下列情形之一的，不属于本办法所称的科学技术奖：

（一）年度考核、绩效考核、目标考核、责任制考核；

（二）属于业务性质的展示交流、人才评价、技能评定、水平评价、信用评价、技术成果评定、学术评议、论文评选、认证认可、质量分级等资质评定、等级评定、技术考核，以及依据各类标准等进行的认定评定；

（三）属于比赛竞赛类、展览展会类、信息发布类的评选；

（四）以本单位内部机构和工作人员为对象的评选；

（五）以选树宣传先进典型为目的的评选。

仅以科技管理、科技服务和图书、期刊、专利、产品、视听作品等为对象的评选，以及与科学技术不直接相关的奖励活动，按照《评比达标表彰活动管理办法》等有关规定管理。

**第五条** 社会科技奖应当培育和弘扬社会主义核心价值观和科学家精神，遵循依法办奖、公益为本、诚实守信的基本原则，走专业化、特色化、品牌化、国际化发展道路。

（一）坚持以科技创新质量、绩效、贡献为核心的评价导向，突出奖励真正作出创造性贡献的科学家和一线科技人员；

（二）坚持学术性、荣誉性，控制奖励数量，提升奖励质量，避免与相关科技评价简单、直接挂钩；

（三）坚持"谁办奖、谁负责"，严格遵守法律法规和国家政策，履行维护国家安全义务，不得泄露国家秘密，不得损害国家安全和公共利益。

**第六条** 面向全国或者跨国（境）的社会科技奖由国务院科学技术行政部门进行指导服务和监督管理，国家科学技术奖励工作办公室负责日常工作，所在省、自治区、直辖市科学技术行政部门等协助做好有关工作。

面向区域的社会科技奖由所在省、自治区、直辖市科学技术行政部门进行指导服务和监督管理。

科学技术行政部门可以根据工作需要，聘请有关方面专家、学者组成咨询委员会，支撑社会科技奖的监督管理决策。

## 第二章　奖 励 设 立

**第七条**　国家鼓励国内外的组织或者个人设立科学技术奖，支持在重点学科和关键领域创设高水平、专业化的奖项，鼓励面向青年和女性科技工作者、基础和前沿领域研究人员设立奖项。

设奖者应当具备完全民事行为能力，自觉遵守国家法律法规和有关政策。

**第八条**　设奖者应当委托一家具备开展科学技术奖励活动能力和条件的非营利法人作为承办机构。设奖者为境内非营利法人的，可自行承办。设奖者为境外组织或者个人的，应当委托境内非营利法人承办，并按照有关规定管理。

承办机构应当符合以下条件：

（一）熟悉科学技术奖励所涉学科和行业领域发展态势；

（二）在有关部门批准的活动地域和业务范围内开展活动；

（三）遵纪守法、运作规范，组织机构健全、内部制度完善，未被有关部门列入科研诚信严重失信行为数据库、社会组织活动异常名录或者严重违法失信名单等。

承办机构负责社会科技奖的日常管理、评审组织等事宜，不得再以任何形式委托第三方承办或者合作承办。

**第九条** 设奖者或者承办机构应当及时向科学技术行政部门书面报告设立科学技术奖有关情况，并按照要求提供真实有效的材料。

书面报告原则上应当包含征询行业管理部门或者业务主管单位等对设奖的指导意见和建议情况，并包括以下内容：

（一）设奖目的以及必要性、奖励名称、设奖者、承办机构、资金来源、奖励范围与对象、奖励周期等基本信息；

（二）与已有同类社会科技奖的差异说明。

**第十条** 社会科技奖应当制订奖励章程，树立正确价值导向，强调奖项学术性和荣誉性，避免与相关科技评价简单直接挂钩，并明确以下事项：

（一）设奖目的、奖励名称、设奖者、承办机构、资金来源、奖励周期等基本信息；

（二）奖励范围与对象；

（三）奖项设置、评审标准、授奖数量等；

（四）组织机构、受理方式和评审机制等；

（五）奖励方式；

（六）争议处理方式；

（七）撤销机制和罚则等。

**第十一条** 奖励名称应当符合设奖宗旨，与承办机构性质相适应，科学、确切、简洁并符合以下要求：

（一）未经有关部门批准，不得冠以"国家"、"中国"、"中华"、"全国"、"亚洲"、"全球"、"国际"、"世界"以及类似含义字样，名称中带有上述字样的组织设奖并在奖励名称中使用组织名称的，应当使用全称；

（二）不得使用与国家科学技术奖、省部级科学技术奖或者其他已经设立的社会科技奖、国际知名科技奖相同或者容易混淆的名称；

（三）不得违背公序良俗，不得侵犯他人权益，以组织名称、自然人姓名以及商标、商号等冠名的，应当取得合法授权；

（四）以功勋荣誉获得者（"共和国勋章"、"七一勋章"、"八一勋章"、"友谊勋章"等勋章获得者，国家荣誉称号获得者，党中央、国务院、中央军委单独或者联合授予的荣誉称号获得者）姓名冠名的，还应当经国务院科学技行政部门报有关部门批准。

**第十二条** 社会科技奖应当具有与科学技术奖励活动相适应的资金来源和规模，在奖励活动中不得直接或者通过其他方式变相收取任何费用。

资金使用应当相对独立，专款专用。

**第十三条** 社会科技奖应当科学设置，并符合以下要求：

（一）承办机构在同一学科或者行业领域承办的奖励，应当做好统筹设计，注重精简规范；

（二）下设子奖项不得超过一级，各子奖项间应当界限清晰；

（三）设立奖励等级的，一般不得超过三级，对作出特别重大贡献的，可以授予特等奖；

（四）按照少而精的原则，严格控制授奖数量和比例，合理设置不同奖励等级授奖数量。

## 第三章　奖　励　运　行

**第十四条** 承办机构应当通过固定网站或者其他公开渠道如实公开奖励名称、设奖者、承办机构、奖励章程、办公场所和联系方式等基本信息，主动接受社会公众和媒体监督。

**第十五条** 承办机构应当建立科学合理、规范有效的奖励受理、评审、监督等机制，并向社会公布。

**第十六条** 承办机构应当建立健全科技保密审查机制，通过不涉密承诺等方式，确保不得受理涉及国防、国家安全领域的保密项目及其完成人参评社会科技奖。

**第十七条** 承办机构应当在奖励活动中坚持公开、公平、公正的原则，坚持分类评价，完善同行评议，遵循科技伦理规范，加强科研诚信和作风学风建设。

承办机构应当设立由精通相关学科或者行业领域专业知识、具有较高学术水平和良好科学道德的专家组成的专家委员会。评审专家应当独立开展奖励评审工作，不受任何组织或者个人干涉，不得利用奖励评审牟取不正当利益。

**第十八条** 社会科技奖应当坚持公开授奖制度，鼓励实行物质奖励与精神奖励相结合的奖励方式。授奖前应当征得拟授奖对象的同意。

**第十九条** 社会科技奖宣传应当以促进学科发展或者行业科技进步、推动提升公民科学素养等为目的，强化荣誉导向。不得进行虚假宣传误导社会公众。

第二十条　社会科技奖如遇变更奖励名称、设奖者、承办机构、奖项设置、授奖数量和奖励周期等重大事项，承办机构原则上应当征询行业管理部门或者业务主管单位等的指导意见和建议后，及时向科学技术行政部门书面报告，并提供相关的变更材料。

第二十一条　社会科技奖决定停办，承办机构应当在停办时主动向科学技术行政部门书面报告。

## 第四章　指　导　服　务

第二十二条　科学技术行政部门对社会科技奖的设立、运行提供政策指导和咨询服务，推动社会科技奖规范化发展。

第二十三条　科学技术行政部门鼓励支持具备一定科技评审力量、资金实力和组织保障的社会科技奖向国际化方向发展，培育具有世界影响力的国际奖项。

第二十四条　科学技术行政部门鼓励代表性较强、影响力较大的社会科技奖承办机构共同制定发布社会科技奖设立和运行团体标准，引导推动行业自律。

第二十五条　科学技术行政部门根据书面报告情况，编制符合本办法要求的社会科技奖目录，向全国评比达标表彰工作协调小组备案后，在统一的社会科技奖信息公开平台上公布目录。

社会科技奖目录根据实际情况及时更新，实行动态管理。

**第二十六条**　科学技术行政部门对运行规范、社会影响力大、业内认可度高的社会科技奖适时组织重点宣传或者专题报道，营造尊重劳动、尊重知识、尊重人才、尊重创造的良好氛围。

# 第五章　监　督　管　理

**第二十七条**　科学技术行政部门通过定期评价和及时监督相结合方式，加强事中事后监管。公开举报受理渠道，接受监督举报，发挥社会监督、公众监督、行业监督、部门监督的作用，形成监督合力。

**第二十八条**　承办机构应当在每年 3 月 31 日前向科学技术行政部门报送上一年度社会科技奖活动开展情况。

**第二十九条**　科学技术行政部门建立完善科学合理的第三方评价机制，委托第三方机构开展社会科技奖评估，并公布评估结果。

第三十条　科学技术行政部门对发现的异常甚至违法违规行为及时调查处理，必要时提请全国评比达标表彰工作协调小组实施部门联合惩戒，以适当方式向社会公布。

第三十一条　有下列情形之一的，由科学技术行政部门责令限期整改。

（一）未按照要求提交变更报告、年度报告的；

（二）未按照要求进行奖励信息公开的；

（三）未按照奖励章程开展奖励活动的；

（四）有其他违法违规行为，尚未造成不良社会影响的。

第三十二条　有下列情形之一的，由科学技术行政部门视情节轻重给予从社会科技奖目录移除、通报有关部门依法依规查处等处理。

（一）存在本办法第三十一条情形，拒不整改的；

（二）存在虚假宣传误导社会公众的；

（三）违法收取或者变相收取费用的；

（四）有其他违法违规行为，造成不良社会影响的。

第三十三条　以科学技术奖名义设立但不符合本办法要求的奖励活动，按照《评比达标表彰活动管理办法》等有关规定严肃处理。

## 第六章　附　　则

**第三十四条**　各省、自治区、直辖市科学技术行政部门可以依照本办法，制定本行政区域内社会科技奖管理办法。

**第三十五条**　本办法自发布之日起实施。

本办法发布前已经设立的社会科技奖，应当按照本办法要求对照检查，不符合要求的及时整改。

# 科学技术活动违规行为处理暂行规定

（2020 年 7 月 17 日科学技术部令第 19 号公布自 2020 年 9 月 1 日起施行）

## 第一章　总　　则

**第一条**　为规范科学技术活动违规行为处理，营造风清气正的良好科研氛围，根据《中华人民共和国科学技术进步法》等法律法规，制定本规定。

**第二条**　对下列单位和人员在开展有关科学技术活动过

程中出现的违规行为的处理，适用本规定。

（一）受托管理机构及其工作人员，即受科学技术行政部门委托开展相关科学技术活动管理工作的机构及其工作人员；

（二）科学技术活动实施单位，即具体开展科学技术活动的科学技术研究开发机构、高等学校、企业及其他组织；

（三）科学技术人员，即直接从事科学技术活动的人员和为科学技术活动提供管理、服务的人员；

（四）科学技术活动咨询评审专家，即为科学技术活动提供咨询、评审、评估、评价等意见的专业人员；

（五）第三方科学技术服务机构及其工作人员，即为科学技术活动提供审计、咨询、绩效评估评价、经纪、知识产权代理、检验检测、出版等服务的第三方机构及其工作人员。

第三条 科学技术部加强对科学技术活动违规行为处理工作的统筹、协调和督促指导。

各级科学技术行政部门根据职责和权限对科学技术活动实施中发生的违规行为进行处理。

第四条 科学技术活动违规行为的处理，应区分主观过错、性质、情节和危害程度，做到程序正当、事实清楚、证据确凿、依据准确、处理恰当。

## 第二章 违 规 行 为

第五条 受托管理机构的违规行为包括以下情形：

（一）采取弄虚作假等不正当手段获得管理资格；

（二）内部管理混乱，影响受托管理工作正常开展；

（三）重大事项未及时报告；

（四）存在管理过失，造成负面影响或财政资金损失；

（五）设租寻租、徇私舞弊、滥用职权、私分受托管理的科研资金；

（六）隐瞒、包庇科学技术活动中相关单位或人员的违法违规行为；

（七）不配合监督检查或评估评价工作，不整改、虚假整改或整改未达到要求；

（八）违反任务委托协议等合同约定的主要义务；

（九）违反国家科学技术活动保密相关规定；

（十）法律、行政法规、部门规章或规范性文件规定的其他相关违规行为。

第六条 受托管理机构工作人员的违规行为包括以下情形：

（一）管理失职，造成负面影响或财政资金损失；

（二）设租寻租、徇私舞弊等利用组织科学技术活动之便谋取不正当利益；

（三）承担或参加所管理的科技计划（专项、基金等）项目；

（四）参与所管理的科学技术活动中有关论文、著作、专利等科学技术成果的署名及相关科技奖励、人才评选等；

（五）未经批准在相关科学技术活动实施单位兼职；

（六）干预咨询评审或向咨询评审专家施加倾向性影响；

（七）泄露科学技术活动管理过程中需保密的专家名单、专家意见、评审结论和立项安排等相关信息；

（八）违反回避制度要求，隐瞒利益冲突；

（九）虚报、冒领、挪用、套取所管理的科研资金；

（十）违反国家科学技术活动保密相关规定；

（十一）法律、行政法规、部门规章或规范性文件规定的其他相关违规行为。

**第七条** 科学技术活动实施单位的违规行为包括以下情形：

（一）在科学技术活动的申报、评审、实施、验收、监督检查和评估评价等活动中提供虚假材料，组织"打招呼"

"走关系"等请托行为；

（二）管理失职，造成负面影响或财政资金损失；

（三）无正当理由不履行科学技术活动管理合同约定的主要义务；

（四）隐瞒、迁就、包庇、纵容或参与本单位人员的违法违规活动；

（五）未经批准，违规转包、分包科研任务；

（六）截留、挤占、挪用、套取、转移、私分财政科研资金；

（七）不配合监督检查或评估评价工作，不整改、虚假整改或整改未达到要求；

（八）不按规定上缴应收回的财政科研结余资金；

（九）未按规定进行科技伦理审查并监督执行；

（十）开展危害国家安全、损害社会公共利益、危害人体健康的科学技术活动；

（十一）违反国家科学技术活动保密相关规定；

（十二）法律、行政法规、部门规章或规范性文件规定的其他相关违规行为。

第八条　科学技术人员的违规行为包括以下情形：

（一）在科学技术活动的申报、评审、实施、验收、监督检查和评估评价等活动中提供虚假材料，实施"打招呼""走关系"等请托行为；

（二）故意夸大研究基础、学术价值或科技成果的技术价值、社会经济效益，隐瞒技术风险，造成负面影响或财政资金损失；

（三）人才计划入选者、重大科研项目负责人在聘期内或项目执行期内擅自变更工作单位，造成负面影响或财政资金损失；

（四）故意拖延或拒不履行科学技术活动管理合同约定的主要义务；

（五）随意降低目标任务和约定要求，以项目实施周期外或不相关成果充抵交差；

（六）抄袭、剽窃、侵占、篡改他人科学技术成果，编造科学技术成果，侵犯他人知识产权等；

（七）虚报、冒领、挪用、套取财政科研资金；

（八）不配合监督检查或评估评价工作，不整改、虚假整改或整改未达到要求；

（九）违反科技伦理规范；

（十）开展危害国家安全、损害社会公共利益、危害人体健康的科学技术活动；

（十一）违反国家科学技术活动保密相关规定；

（十二）法律、行政法规、部门规章或规范性文件规定的其他相关违规行为。

**第九条** 科学技术活动咨询评审专家的违规行为包括以下情形：

（一）采取弄虚作假等不正当手段获取咨询、评审、评估、评价、监督检查资格；

（二）违反回避制度要求；

（三）接受"打招呼""走关系"等请托；

（四）引导、游说其他专家或工作人员，影响咨询、评审、评估、评价、监督检查过程和结果；

（五）索取、收受利益相关方财物或其他不正当利益；

（六）出具明显不当的咨询、评审、评估、评价、监督检查意见；

（七）泄漏咨询评审过程中需保密的申请人、专家名单、专家意见、评审结论等相关信息；

（八）抄袭、剽窃咨询评审对象的科学技术成果；

（九）违反国家科学技术活动保密相关规定；

（十）法律、行政法规、部门规章或规范性文件规定的其他相关违规行为。

第十条 第三方科学技术服务机构及其工作人员的违规行为包括以下情形：

（一）采取弄虚作假等不正当手段获取科学技术活动相关业务；

（二）从事学术论文买卖、代写代投以及伪造、虚构、篡改研究数据等；

（三）违反回避制度要求；

（四）擅自委托他方代替提供科学技术活动相关服务；

（五）出具虚假或失实结论；

（六）索取、收受利益相关方财物或其他不正当利益；

（七）泄漏需保密的相关信息或材料等；

（八）违反国家科学技术活动保密相关规定；

（九）法律、行政法规、部门规章或规范性文件规定的其他相关违规行为。

## 第三章 处理措施

第十一条 对科学技术活动违规行为，视违规主体和行为性质，可单独或合并采取以下处理措施：

（一）警告；

（二）责令限期整改；

（三）约谈；

（四）一定范围内或公开通报批评；

（五）终止、撤销有关财政性资金支持的科学技术活动；

（六）追回结余资金，追回已拨财政资金以及违规所得；

（七）撤销奖励或荣誉称号，追回奖金；

（八）取消一定期限内财政性资金支持的科学技术活动管理资格；

（九）禁止在一定期限内承担或参与财政性资金支持的科学技术活动；

（十）记入科研诚信严重失信行为数据库。

**第十二条** 违规行为涉嫌违反党纪政纪、违法犯罪的，移交有关机关处理。

**第十三条** 对于第三方科学技术服务机构及人员违规的，可视情况将相关问题及线索移交具有处罚或处理权限的主管部门或行业协会处理。

**第十四条** 受托管理机构、科学技术活动实施单位有组织地开展科学技术活动违规行为的，或存在重大管理过失的，按本规定第十一条第（八）项追究主要负责人、直接负责人的责任，具体期限与被处理单位的受限年限保持一致。

**第十五条** 有证据表明违规行为已经造成恶劣影响或财政资金严重损失的，应直接或提请具有相应职责和权限的行政机关责令采取有效措施，防止影响或损失扩大，中止相关科学技术活动，暂停拨付相应财政资金，同时暂停接受相关责任主体申请新的财政性资金支持的科学技术活动。

**第十六条** 采取本规定第十一条第（九）项处理措施的，违规行为未涉及科学技术活动核心关键任务、约束性目标或指标，但造成较大负面影响或财政资金损失，对违规单位取消2年以内（含2年）相关资格，对违规个人取消3年以内（含3年）相关资格。

上述违规行为涉及科学技术活动的核心关键任务、约束性目标或指标，并导致相关科学技术活动偏离约定目标，或造成严重负面影响或财政资金损失，对违规单位取消2至5年相关资格，对违规个人取消3至5年相关资格。

上述违规行为涉及科学技术活动的核心关键任务、约束性目标或指标，并导致相关科学技术活动停滞、严重偏离约定目标，或造成特别严重负面影响或财政资金损失，对违规单位和个人取消5年以上直至永久相关资格。

**第十七条** 有以下情形之一的，可以给予从轻处理：

（一）主动反映问题线索，并经查属实；

（二） 主动承认错误并积极配合调查和整改；

（三） 主动退回因违规行为所获各种利益；

（四） 主动挽回损失浪费或有效阻止危害结果发生；

（五） 通过全国性媒体公开作出严格遵守科学技术活动相关国家法律及管理规定、不再实施违规行为的承诺；

（六） 其他可以给予从轻处理情形。

第十八条　有以下情形之一的，应当给予从重处理：

（一） 伪造、销毁、藏匿证据；

（二） 阻止他人提供证据，或干扰、妨碍调查核实；

（三） 打击、报复举报人；

（四） 有组织地实施违规行为；

（五） 多次违规或同时存在多种违规行为；

（六） 其他应当给予从重处理情形。

第十九条　科学技术活动违规行为涉及多个主体的，应甄别不同主体的责任，并视其违规行为在负面影响或财政资金损失发生过程和结果中所起作用等因素分别给予相应处理。

## 第四章　处 理 程 序

第二十条　科学技术活动违规行为认定后，视事实、性质、情节，按照本规定第十一条的处理措施作出相应处理决定，并制作处理决定书。

第二十一条　作出处理决定前，应告知被处理单位或人员拟作出处理决定的事实、理由及依据，并告知其享有陈述与申辩的权利及其行使的方式和期限。被处理单位或人员逾期未提出陈述或申辩的，视为放弃陈述与申辩的权利；作出陈述或申辩的，应充分听取其意见。

第二十二条　处理决定书应载明以下内容：

（一）被处理主体的基本情况；

（二）违规行为情况及事实根据；

（三）处理依据和处理决定；

（四）救济途径和期限；

（五）作出处理决定的单位名称和时间；

（六）法律、行政法规、部门规章或规范性文件规定的其他相关事项。

第二十三条　处理决定书应送达被处理单位或人员，抄送被处理人员所在单位或被处理单位的上级主管部门，并可视情通知被处理人员或单位所属相关行业协会。

处理决定书可采取直接送达、委托送达、邮寄送达等方式；被送达人下落不明的，可公告送达。涉及保密内容的，按照保密相关规定送达。

对于影响范围广、社会关注度高的违规行为的处理决定，除涉密内容外，应向社会公开，发挥警示教育作用。

**第二十四条** 被处理单位或人员对处理决定不服的，可自收到处理决定书之日起 15 个工作日内，按照处理决定书载明的救济途径向作出处理决定的相关部门或单位提出复查申请，写明理由并提供相关证据或线索。

处理主体应自收到复查申请后 15 个工作日内作出是否受理的决定。决定受理的，应当另行组织对处理决定所认定的事实和相关依据进行复查。

复查应制作复查决定书，复查原则上应自受理之日起 90 个工作日内完成并送达复查申请人。复查期间，不停止原处理决定的执行。

**第二十五条** 被处理单位或人员也可以不经复查，直接依法申请复议或提起诉讼。

**第二十六条** 采取本规定第十一条第（九）项处理措施的，取消资格期限自处理决定下达之日起计算，处理决定作出前已执行本规定第十五条采取暂停活动的，暂停活动期限可折抵处理期限。

**第二十七条** 科学技术活动违规行为涉及多个部门的，

可组织开展联合调查，按职责和权限分别予以处理。

第二十八条　科学技术活动违规行为处理超出科学技术行政部门职责和权限范围内的，应将问题及线索移交相关部门、机构，并可以适当方式向相关部门、机构提出意见建议。

# 第五章　附　　则

第二十九条　科学技术行政部门委托受托管理机构管理的科学技术活动中，项目承担单位和人员出现的情节轻微、未造成明显负面影响或财政资金损失的违规行为，由受托管理机构依据有关科学技术活动管理合同、管理办法等处理。

第三十条　各级科学技术行政部门已在职责和权限范围内制定科学技术活动违规行为处理规定且处理尺度不低于本规定的，可按照已有规定进行处理。

第三十一条　科学技术活动违规行为处理属其他部门、机构职责和权限的，由有权处理的部门、机构依据法律、行政法规及其他有关规定处理。

科学技术活动违规行为涉事单位或人员属军队管理的，由军队按照其有关规定进行处理。

**第三十二条** 法律、行政法规对科学技术活动违规行为及相应处理另有规定的，从其规定。

科学技术部部门规章或规范性文件相关内容与本规定不一致的，适用本规定。

**第三十三条** 本规定自 2020 年 9 月 1 日起施行。

**第三十四条** 本规定由科学技术部负责解释。

# 科学技术保密规定

（2015 年 11 月 16 日科学技术部、国家保密局令第 16 号公布　自公布之日起施行）

## 第一章　总　　则

**第一条** 为保障国家科学技术秘密安全，促进科学技术事业发展，根据《中华人民共和国保守国家秘密法》《中华人民共和国科学技术进步法》和《中华人民共和国保守国家秘密法实施条例》，制定本规定。

**第二条** 本规定所称国家科学技术秘密，是指科学技术规划、计划、项目及成果中，关系国家安全和利益，依照法

定程序确定，在一定时间内只限一定范围的人员知悉的
事项。

**第三条**　涉及国家科学技术秘密的国家机关、单位（以
下简称机关、单位）以及个人开展保守国家科学技术秘密的
工作（以下简称科学技术保密工作），适用本规定。

**第四条**　科学技术保密工作坚持积极防范、突出重点、
依法管理的方针，既保障国家科学技术秘密安全，又促进科
学技术发展。

**第五条**　科学技术保密工作应当与科学技术管理工作相
结合，同步规划、部署、落实、检查、总结和考核，实行全
程管理。

**第六条**　国家科学技术行政管理部门管理全国的科学技
术保密工作。省、自治区、直辖市科学技术行政管理部门管
理本行政区域的科学技术保密工作。

中央国家机关在其职责范围内，管理或者指导本行业、
本系统的科学技术保密工作。

**第七条**　国家保密行政管理部门依法对全国的科学技术
保密工作进行指导、监督和检查。县级以上地方各级保密行
政管理部门依法对本行政区域的科学技术保密工作进行指
导、监督和检查。

**第八条** 机关、单位应当实行科学技术保密工作责任制,健全科学技术保密管理制度,完善科学技术保密防护措施,开展科学技术保密宣传教育,加强科学技术保密检查。

## 第二章 国家科学技术秘密的范围和密级

**第九条** 关系国家安全和利益,泄露后可能造成下列后果之一的科学技术事项,应当确定为国家科学技术秘密:

(一)削弱国家防御和治安能力;

(二)降低国家科学技术国际竞争力;

(三)制约国民经济和社会长远发展;

(四)损害国家声誉、权益和对外关系。

国家科学技术秘密及其密级的具体范围(以下简称国家科学技术保密事项范围),由国家保密行政管理部门会同国家科学技术行政管理部门另行制定。

**第十条** 国家科学技术秘密的密级分为绝密、机密和秘密三级。国家科学技术秘密密级应当根据泄露后可能对国家安全和利益造成的损害程度确定。

除泄露后会给国家安全和利益带来特别严重损害的外,科学技术原则上不确定为绝密级国家科学技术秘密。

第十一条　有下列情形之一的科学技术事项，不得确定为国家科学技术秘密：

（一）国内外已经公开；

（二）难以采取有效措施控制知悉范围；

（三）无国际竞争力且不涉及国家防御和治安能力；

（四）已经流传或者受自然条件制约的传统工艺。

## 第三章　国家科学技术秘密的确定、变更和解除

第十二条　中央国家机关、省级机关及其授权的机关、单位可以确定绝密级、机密级和秘密级国家科学技术秘密；设区的市、自治州一级的机关及其授权的机关、单位可以确定机密级、秘密级国家科学技术秘密。

第十三条　国家科学技术秘密定密授权应当符合国家秘密定密管理的有关规定。中央国家机关作出的国家科学技术秘密定密授权，应当向国家科学技术行政管理部门和国家保密行政管理部门备案。省级机关，设区的市、自治州一级的机关作出的国家科学技术秘密定密授权，应当向省、自治区、直辖市科学技术行政管理部门和保密行政管理部门备案。

第十四条　机关、单位负责人及其指定的人员为国家科学技术秘密的定密责任人，负责本机关、本单位的国家科学技术秘密确定、变更和解除工作。

第十五条　机关、单位和个人产生需要确定为国家科学技术秘密的科学技术事项时，应当先行采取保密措施，并依照下列途径进行定密：

（一）属于本规定第十二条规定的机关、单位，根据定密权限自行定密；

（二）不属于本规定第十二条规定的机关、单位，向有相应定密权限的上级机关、单位提请定密；没有上级机关、单位的，向有相应定密权限的业务主管部门提请定密；没有业务主管部门的，向所在省、自治区、直辖市科学技术行政管理部门提请定密；

（三）个人完成的符合本规定第九条规定的科学技术成果，应当经过评价、检测并确定成熟、可靠后，向所在省、自治区、直辖市科学技术行政管理部门提请定密。

第十六条　实行市场准入管理的技术或者实行市场准入管理的产品涉及的科学技术事项需要确定为国家科学技术秘密的，向批准准入的国务院有关主管部门提请定密。

第十七条　机关、单位在科学技术管理的以下环节，应当及时做好定密工作：

（一）编制科学技术规划；

（二）制定科学技术计划；

（三）科学技术项目立项；

（四）科学技术成果评价与鉴定；

（五）科学技术项目验收。

**第十八条** 确定国家科学技术秘密，应当同时确定其名称、密级、保密期限、保密要点和知悉范围。

**第十九条** 国家科学技术秘密保密要点是指必须确保安全的核心事项或者信息，主要涉及以下内容：

（一）不宜公开的国家科学技术发展战略、方针、政策、专项计划；

（二）涉密项目研制目标、路线和过程；

（三）敏感领域资源、物种、物品、数据和信息；

（四）关键技术诀窍、参数和工艺；

（五）科学技术成果涉密应用方向；

（六）其他泄露后会损害国家安全和利益的核心信息。

**第二十条** 国家科学技术秘密有下列情形之一的，应当及时变更密级、保密期限或者知悉范围：

（一）定密时所依据的法律法规或者国家科学技术保密

事项范围已经发生变化的；

（二）泄露后对国家安全和利益的损害程度会发生明显变化的。

国家科学技术秘密的变更，由原定密机关、单位决定，也可由其上级机关、单位决定。

**第二十一条** 国家科学技术秘密的具体保密期限届满、解密时间已到或者符合解密条件的，自行解密。出现下列情形之一时，应当提前解密：

（一）已经扩散且无法采取补救措施的；

（二）法律法规或者国家科学技术保密事项范围调整后，不再属于国家科学技术秘密的；

（三）公开后不会损害国家安全和利益的。

提前解密由原定密机关、单位决定，也可由其上级机关、单位决定。

**第二十二条** 国家科学技术秘密需要延长保密期限的，应当在原保密期限届满前作出决定并书面通知原知悉范围内的机关、单位或者人员。延长保密期限由原定密机关、单位决定，也可由其上级机关、单位决定。

**第二十三条** 国家科学技术秘密确定、变更和解除应当进行备案：

（一）省、自治区、直辖市科学技术行政管理部门和中央国家机关有关部门每年 12 月 31 日前将本行政区域或者本部门当年确定、变更和解除的国家科学技术秘密情况报国家科学技术行政管理部门备案；

（二）其他机关、单位确定、变更和解除的国家科学技术秘密，应当在确定、变更、解除后 20 个工作日内报同级政府科学技术行政管理部门备案。

**第二十四条** 科学技术行政管理部门发现机关、单位国家科学技术秘密确定、变更和解除不当的，应当及时通知其纠正。

**第二十五条** 机关、单位对已定密事项是否属于国家科学技术秘密或者属于何种密级有不同意见的，按照国家有关保密规定解决。

## 第四章 国家科学技术秘密保密管理

**第二十六条** 国家科学技术行政管理部门管理全国的科学技术保密工作。主要职责如下：

（一）制定或者会同有关部门制定科学技术保密规章制度；

（二）指导和管理国家科学技术秘密定密工作；

（三）按规定审查涉外国家科学技术秘密事项；

（四）检查全国科学技术保密工作，协助国家保密行政管理部门查处泄露国家科学技术秘密案件；

（五）组织开展科学技术保密宣传教育和培训；

（六）表彰全国科学技术保密工作先进集体和个人。

国家科学技术行政管理部门设立国家科技保密办公室，负责国家科学技术保密管理的日常工作。

**第二十七条** 省、自治区、直辖市科学技术行政管理部门和中央国家机关有关部门，应当设立或者指定专门机构管理科学技术保密工作。主要职责如下：

（一）贯彻执行国家科学技术保密工作方针、政策，制定本行政区域、本部门或者本系统的科学技术保密规章制度；

（二）指导和管理本行政区域、本部门或者本系统的国家科学技术秘密定密工作；

（三）按规定审查涉外国家科学技术秘密事项；

（四）监督检查本行政区域、本部门或者本系统的科学技术保密工作，协助保密行政管理部门查处泄露国家科学技术秘密案件；

（五）组织开展本行政区域、本部门或者本系统科学技术保密宣传教育和培训；

（六）表彰本行政区域、本部门或者本系统的科学技术保密工作先进集体和个人。

**第二十八条** 机关、单位管理本机关、本单位的科学技术保密工作。主要职责如下：

（一）建立健全科学技术保密管理制度；

（二）设立或者指定专门机构管理科学技术保密工作；

（三）依法开展国家科学技术秘密定密工作，管理涉密科学技术活动、项目及成果；

（四）确定涉及国家科学技术秘密的人员（以下简称涉密人员），并加强对涉密人员的保密宣传、教育培训和监督管理；

（五）加强计算机及信息系统、涉密载体和涉密会议活动保密管理，严格对外科学技术交流合作和信息公开保密审查；

（六）发生资产重组、单位变更等影响国家科学技术秘密管理的事项时，及时向上级机关或者业务主管部门报告。

**第二十九条** 涉密人员应当遵守以下保密要求：

（一）严格执行国家科学技术保密法律法规和规章以及

本机关、本单位科学技术保密制度；

（二）接受科学技术保密教育培训和监督检查；

（三）产生涉密科学技术事项时，先行采取保密措施，按规定提请定密，并及时向本机关、本单位科学技术保密管理机构报告；

（四）参加对外科学技术交流合作与涉外商务活动前向本机关、本单位科学技术保密管理机构报告；

（五）发表论文、申请专利、参加学术交流等公开行为前按规定履行保密审查手续；

（六）发现国家科学技术秘密正在泄露或者可能泄露时，立即采取补救措施，并向本机关、本单位科学技术保密管理机构报告；

（七）离岗离职时，与机关、单位签订保密协议，接受脱密期保密管理，严格保守国家科学技术秘密。

**第三十条** 机关、单位和个人在下列科学技术合作与交流活动中，不得涉及国家科学技术秘密：

（一）进行公开的科学技术讲学、进修、考察、合作研究等活动；

（二）利用互联网及其他公共信息网络、广播、电影、电视以及公开发行的报刊、书籍、图文资料和声像制品进行宣传、报道或者发表论文；

（三）进行公开的科学技术展览和展示等活动。

第三十一条 机关、单位和个人应当加强国家科学技术秘密信息保密管理，存储、处理国家科学技术秘密信息应当符合国家保密规定。任何机关、单位和个人不得有下列行为：

（一）非法获取、持有、复制、记录、存储国家科学技术秘密信息；

（二）使用非涉密计算机、非涉密存储设备存储、处理国家科学技术秘密；

（三）在互联网及其他公共信息网络或者未采取保密措施的有线和无线通信中传递国家科学技术秘密信息；

（四）通过普通邮政、快递等无保密措施的渠道传递国家科学技术秘密信息；

（五）在私人交往和通信中涉及国家科学技术秘密信息；

（六）其他违反国家保密规定的行为。

第三十二条 对外科学技术交流与合作中需要提供国家科学技术秘密的，应当经过批准，并与对方签订保密协议。绝密级国家科学技术秘密原则上不得对外提供，确需提供的，应当经中央国家机关有关主管部门同意后，报国家科学技术行政管理部门批准；机密级国家科学技术秘密对外提供应当报中央国家机关有关主管部门批准；秘密级国家科学技术秘密对外提供应当报中央国家机关有关主管部门或者省、自治区、直辖市人民政府有关主管部门批准。

有关主管部门批准对外提供国家科学技术秘密的，应当在 10 个工作日内向同级政府科学技术行政管理部门备案。

**第三十三条** 机关、单位开展涉密科学技术活动的，应当指定专人负责保密工作、明确保密纪律和要求，并加强以下方面保密管理：

（一）研究、制定涉密科学技术规划应当制定保密工作方案，签订保密责任书；

（二）组织实施涉密科学技术计划应当制定保密制度；

（三）举办涉密科学技术会议或者组织开展涉密科学技术展览、展示应当采取必要的保密管理措施，在符合保密要求的场所进行；

（四）涉密科学技术活动进行公开宣传报道前应当进行保密审查。

**第三十四条** 涉密科学技术项目应当按照以下要求加强保密管理：

（一）涉密科学技术项目在指南发布、项目申报、专家评审、立项批复、项目实施、结题验收、成果评价、转化应用及科学技术奖励各个环节应当建立保密制度；

（二）涉密科学技术项目下达单位与承担单位、承担单位与项目负责人、项目负责人与参研人员之间应当签订保密责任书；

（三）涉密科学技术项目的文件、资料及其他载体应当指定专人负责管理并建立台账；

（四）涉密科学技术项目进行对外科学技术交流与合作、宣传展示、发表论文、申请专利等，承担单位应当提前进行保密审查；

（五）涉密科学技术项目原则上不得聘用境外人员，确需聘用境外人员的，承担单位应当按规定报批。

**第三十五条** 涉密科学技术成果应当按以下要求加强保密管理：

（一）涉密科学技术成果在境内转让或者推广应用，应当报原定密机关、单位批准，并与受让方签订保密协议；

（二）涉密科学技术成果向境外出口，利用涉密科学技术成果在境外开办企业，在境内与外资、外企合作，应当按照本规定第三十二条规定报有关主管部门批准。

**第三十六条** 机关、单位应当按照国家规定，做好国家科学技术秘密档案归档和保密管理工作。

**第三十七条** 机关、单位应当为科学技术保密工作提供经费、人员和其他必要的保障条件。国家科学技术行政管理部门，省、自治区、直辖市科学技术行政管理部门应当将科学技术保密工作经费纳入部门预算。

**第三十八条** 机关、单位应当保障涉密人员正当合法权益。对参与国家科学技术秘密研制的科技人员，有关机关、单位不得因其成果不宜公开发表、交流、推广而影响其评奖、表彰和职称评定。

对确因保密原因不能在公开刊物上发表的论文，有关机关、单位应当对论文的实际水平给予客观、公正评价。

**第三十九条** 国家科学技术秘密申请知识产权保护应当遵守以下规定：

（一）绝密级国家科学技术秘密不得申请普通专利或者保密专利；

（二）机密级、秘密级国家科学技术秘密经原定密机关、单位批准可申请保密专利；

（三）机密级、秘密级国家科学技术秘密申请普通专利或者由保密专利转为普通专利的，应当先行办理解密手续。

**第四十条** 机关、单位对在科学技术保密工作方面作出贡献、成绩突出的集体和个人，应当给予表彰；对于违反科学技术保密规定的，给予批评教育；对于情节严重，给国家安全和利益造成损害的，应当依照有关法律、法规给予有关责任人员处分，构成犯罪的，依法追究刑事责任。

# 第五章　附　　则

第四十一条　涉及国防科学技术的保密管理，按有关部门规定执行。

第四十二条　本规定由科学技术部和国家保密局负责解释。

第四十三条　本规定自公布之日起施行，1995 年颁布的《科学技术保密规定》（国家科学技术委员会、国家保密局令第 20 号）同时废止。

# 国家科学技术奖励条例实施细则

（1999 年 12 月 24 日科学技术部令第 1 号公布
根据 2004 年 12 月 27 日科学技术部令第 9 号《关
于修改〈国家科学技术奖励条例实施细则〉的决
定》第一次修改 根据 2008 年 12 月 23 日科学技术
部令第 13 号《关于修改〈国家科学技术奖励条例
实施细则〉的决定》第二次修改）

## 第一章 总 则

**第一条** 为了做好国家科学技术奖励工作，保证国家科学技术奖的评审质量，根据《国家科学技术奖励条例》（以下称奖励条例），制定本细则。

**第二条** 本细则适用于国家最高科学技术奖、国家自然科学奖、国家技术发明奖、国家科学技术进步奖和中华人民共和国国际科学技术合作奖（以下称国际科技合作奖）的推荐、评审、授奖等各项活动。

**第三条** 国家科学技术奖励工作深入贯彻落实科学发展

观和"尊重劳动、尊重知识、尊重人才、尊重创造"的方针，鼓励团结协作、联合攻关，鼓励自主创新，鼓励攀登科学技术高峰，促进科学研究、技术开发与经济、社会发展密切结合，促进科技成果向现实生产力转化，促进国家创新体系建设，营造鼓励创新的环境，努力造就和培养世界一流科学家、科技领军人才和一线创新人才，加速科教兴国、人才强国和可持续发展战略的实施，推进创新型国家建设。

第四条　国家科学技术奖的推荐、评审和授奖，遵循公开、公平、公正的原则，实行科学的评审制度，不受任何组织或者个人的非法干涉。

第五条　国家科学技术奖授予在科学发现、技术发明和促进科学技术进步等方面做出创造性突出贡献的公民或者组织，并对同一项目授奖的公民、组织按照贡献大小排序。

在科学研究、技术开发项目中仅从事组织管理和辅助服务的工作人员，不得作为国家科学技术奖的候选人。

第六条　国家科学技术奖是国家授予公民或者组织的荣誉，授奖证书不作为确定科学技术成果权属的直接依据。

第七条　国家科学技术奖励委员会负责国家科学技术奖的宏观管理和指导。

科学技术部负责国家科学技术奖评审的组织工作。国家科学技术奖励工作办公室（以下称奖励办公室）负责日常工作。

## 第二章　奖励范围和评审标准

### 第一节　国家最高科学技术奖

**第八条**　奖励条例第八条第一款（一）所称"在当代科学技术前沿取得重大突破或者在科学技术发展中有卓越建树"，是指候选人在基础研究、应用基础研究方面取得系列或者特别重大发现，丰富和拓展了学科的理论，引起该学科或者相关学科领域的突破性发展，为国内外同行所公认，对科学技术发展和社会进步作出了特别重大的贡献。

**第九条**　奖励条例第八条第一款（二）所称"在科学技术创新、科学技术成果转化和高技术产业化中，创造巨大经济效益或者社会效益"，是指候选人在科学技术活动中，特别是在高新技术领域取得系列或者特别重大技术发明，并以市场为导向，积极推动科技成果转化，实现产业化，引起该领域技术的跨越发展，促进了产业结构的变革，创造了巨大的经济效益或者社会效益，对促进经济、社会发展和保障国家安全作出了特别重大的贡献。

**第十条** 国家最高科学技术奖的候选人应当热爱祖国，具有良好的科学道德，并仍活跃在当代科学技术前沿，从事科学研究或者技术开发工作。

### 第二节 国家自然科学奖

**第十一条** 奖励条例第九条第二款（一）所称"前人尚未发现或者尚未阐明"，是指该项自然科学发现为国内外首次提出，或者其科学理论在国内外首次阐明，且主要论著为国内外首次发表。

**第十二条** 奖励条例第九条第二款（二）所称"具有重大科学价值"，是指：（一）该发现在科学理论、学说上有创见，或者在研究方法、手段上有创新；（二）对于推动学科发展有重大意义，或者对于经济建设和社会发展具有重要影响。

**第十三条** 奖励条例第九条第二款（三）所称"得到国内外自然科学界公认"，是指主要论著已在国内外公开发行的学术刊物上发表或者作为学术专著出版三年以上，其重要科学结论已为国内外同行在重要国际学术会议、公开发行的学术刊物，尤其是重要学术刊物以及学术专著所正面引用或者应用。

**第十四条** 国家自然科学奖的候选人应当是相关科学技术论著的主要作者，并具备下列条件之一：

（一）提出总体学术思想、研究方案；

（二）发现重要科学现象、特性和规律，并阐明科学理论和学说；

（三）提出研究方法和手段，解决关键性学术疑难问题或者实验技术难点，以及对重要基础数据的系统收集和综合分析等。

**第十五条** 国家自然科学奖一等奖、二等奖单项授奖人数不超过5人，特等奖除外。特等奖项目的具体授奖人数经国家自然科学奖评审委员会评审后，由国家科学技术奖励委员会确定。

**第十六条** 国家自然科学奖授奖等级根据候选人所做出的科学发现进行综合评定，评定标准如下：

（一）在科学上取得突破性进展，发现的自然现象、揭示的科学规律、提出的学术观点或者其研究方法为国内外学术界所公认和广泛引用，推动了本学科或者相关学科的发展，或者对经济建设、社会发展有重大影响的，可以评为一等奖。

（二）在科学上取得重要进展，发现的自然现象、揭示的科学规律、提出的学术观点或者其研究方法为国内外学术界所公认和引用，推动了本学科或者其分支学科的发展，或者对经济建设、社会发展有重要影响的，可以评为二等奖。

对于原始性创新特别突出、具有特别重大科学价值、在国内外自然科学界有重大影响的特别重大的科学发现，可以评为特等奖。

### 第三节　国家技术发明奖

**第十七条**　奖励条例第十条第一款所称的产品包括各种仪器、设备、器械、工具、零部件以及生物新品种等；工艺包括工业、农业、医疗卫生和国家安全等领域的各种技术方法；材料包括用各种技术方法获得的新物质等；系统是指产品、工艺和材料的技术综合。

国家技术发明奖的授奖范围不包括仅依赖个人经验和技能、技巧又不可重复实现的技术。

**第十八条**　奖励条例第十条第二款（一）所称"前人尚未发明或者尚未公开"，是指该项技术发明为国内外首创，或者虽然国内外已有但主要技术内容尚未在国内外各种公开出版物、媒体及其他公众信息渠道发表或者公开，也未曾公开使用过。

**第十九条** 奖励条例第十条第二款（二）所称"具有先进性和创造性"，是指该项技术发明与国内外已有同类技术相比较，其技术思路、技术原理或者技术方法有创新，技术上有实质性的特点和显著的进步，主要性能（性状）、技术经济指标、科学技术水平及其促进科学技术进步的作用和意义等方面综合优于同类技术。

**第二十条** 奖励条例第十条第二款（三）所称"经实施，创造显著经济效益或者社会效益"，是指该项技术发明成熟，并实施应用三年以上，取得良好的应用效果。

**第二十一条** 国家技术发明奖的候选人应当是该项技术发明的全部或者部分创造性技术内容的独立完成人。

国家技术发明奖一等奖、二等奖单项授奖人数不超过6人，特等奖除外。特等奖项目的具体授奖人数经国家技术发明奖评审委员会评审后，由国家科学技术奖励委员会确定。

**第二十二条** 国家技术发明奖授奖等级根据候选人所做出的技术发明进行综合评定，评定标准如下：

（一）属国内外首创的重大技术发明，技术思路独特，主要技术上有重大的创新，技术经济指标达到了同类技术的领先水平，推动了相关领域的技术进步，已产生了显著的经济效益或者社会效益，可以评为一等奖。

（二）属国内外首创的重大技术发明，技术思路新颖，主要技术上有较大的创新，技术经济指标达到了同类技术的先进水平，对本领域的技术进步有推动作用，并产生了明显的经济效益或者社会效益，可以评为二等奖。

对原始性创新特别突出、主要技术经济指标显著优于国内外同类技术或者产品，并取得重大经济或者社会效益的特别重大的技术发明，可以评为特等奖。

### 第四节　国家科学技术进步奖

**第二十三条**　奖励条例第十一条第一款（一）所称"技术开发项目"，是指在科学研究和技术开发活动中，完成具有重大市场实用价值的产品、技术、工艺、材料、设计和生物品种及其推广应用。

**第二十四条**　奖励条例第十一条第一款（二）所称"社会公益项目"，是指在标准、计量、科技信息、科技档案、科学技术普及等科学技术基础性工作和环境保护、医疗卫生、自然资源调查和合理利用、自然灾害监测预报和防治等社会公益性科学技术事业中取得的重大成果及其应用推广。

**第二十五条**　奖励条例第十一条第一款（三）所称"国

家安全项目", 是指在军队建设、国防科研、国家安全及相关活动中产生, 并在一定时期内仅用于国防、国家安全目的, 对推进国防现代化建设、增强国防实力和保障国家安全具有重要意义的科学技术成果。

第二十六条　奖励条例第十一条第一款（四）所称"重大工程项目", 是指重大综合性基本建设工程、科学技术工程、国防工程及企业技术创新工程等。

第二十七条　国家科学技术进步奖重大工程类奖项仅授予组织。在完成重大工程中做出科学发现、技术发明的公民, 符合奖励条例和本细则规定条件的, 可另行推荐国家自然科学奖、技术发明奖。

第二十八条　国家科学技术进步奖候选人应当具备下列条件之一:

（一）在设计项目的总体技术方案中做出重要贡献;

（二）在关键技术和疑难问题的解决中做出重大技术创新;

（三）在成果转化和推广应用过程中做出创造性贡献;

（四）在高技术产业化方面做出重要贡献。

第二十九条　国家科学技术进步奖候选单位应当是在项目研制、开发、投产、应用和推广过程中提供技术、设备和人员等条件，对项目的完成起到组织、管理和协调作用的主要完成单位。

各级政府部门一般不得作为国家科学技术进步奖的候选单位。

**第三十条** 国家科学技术进步奖一等奖单项授奖人数不超过 15 人，授奖单位不超过 10 个；二等奖单项授奖人数不超过 10 人，授奖单位不超过 7 个；特等奖单项授奖人数不超过 50 人，授奖单位不超过 30 个。

**第三十一条** 国家科学技术进步奖候选人或者候选单位所完成的项目应当总体符合下列条件：

（一）技术创新性突出：在技术上有重要的创新，特别是在高新技术领域进行自主创新，形成了产业的主导技术和名牌产品，或者应用高新技术对传统产业进行装备和改造，通过技术创新，提升传统产业，增加行业的技术含量，提高产品附加值；技术难度较大，解决了行业发展中的热点、难点和关键问题；总体技术水平和技术经济指标达到了行业的领先水平。

（二）经济效益或者社会效益显著：所开发的项目经过三年以上较大规模的实施应用，产生了很大的经济效益或者社会效益，实现了技术创新的市场价值或者社会价值，为经济建设、社会发展和国家安全做出了很大贡献。

（三）推动行业科技进步作用明显：项目的转化程度高，具有较强的示范、带动和扩散能力，促进了产业结构的调整、优化、升级及产品的更新换代，对行业的发展具有很大作用。

**第三十二条** 国家科学技术进步奖授奖等级根据候选人或者候选单位所完成的项目进行综合评定，评定标准如下：

（一）技术开发项目类：

在关键技术或者系统集成上有重大创新，技术难度大，总体技术水平和主要技术经济指标达到了国际同类技术或者产品的先进水平，市场竞争力强，成果转化程度高，创造了重大的经济效益，对行业的技术进步和产业结构优化升级有重大作用的，可以评为一等奖；

在关键技术或者系统集成上有较大创新，技术难度较大，总体技术水平和主要技术经济指标达到国际同类技术或者产品的水平，市场竞争力较强，成果转化程度较高，创造了较大的经济效益，对行业的技术进步和产业结构调整有较大意义的，可以评为二等奖。

（二）社会公益项目类：

在关键技术或者系统集成上有重大创新，技术难度大，总体技术水平和主要技术经济指标达到了国际同类技术或者产品的先进水平，并在行业得到广泛应用，取得了重大的社会效益，对科技发展和社会进步有重大意义的，可以评为一等奖；

在关键技术或者系统集成上有较大创新，技术难度较大，总体技术水平和技术经济指标达到国际同类技术或者产品的水平，在行业较大范围应用，取得了较大的社会效益，对科技发展和社会进步有较大意义的，可以评为二等奖。

（三）国家安全项目类：

在关键技术或者系统集成上有重大创新，技术难度很大，总体技术达到国际同类技术或者产品的先进水平，应用效果十分突出，对国防建设和保障国家安全具有重大作用的，可以评为一等奖；

在关键技术或者系统集成上有较大创新，技术难度较大，总体技术达到国际同类技术或者产品的水平，应用效果突出，对国防建设和保障国家安全有较大作用的，可以评为二等奖。

（四）重大工程项目类：

团结协作、联合攻关，在关键技术、系统集成和系统管理方面有重大创新，技术难度和工程复杂程度大，总体技术水平、主要技术经济指标达到国际同类项目的先进水平，取得了重大的经济效益或者社会效益，对推动本领域的科技发展有重大意义，对经济建设、社会发展和国家安全具有重大战略意义的，可以评为一等奖；

团结协作、联合攻关，在关键技术、系统集成和系统管理方面有较大创新，技术难度和工程复杂程度较大，总体技术水平、主要技术经济指标达到国际同类项目的水平，取得了较大的经济效益或者社会效益，对推动本领域的科技发展有较大意义，对经济建设、社会发展和国家安全具有战略意义的，可以评为二等奖。

对于技术创新性特别突出、经济效益或者社会效益特别显著、推动行业科技进步作用特别明显的项目，可以评为特等奖。

### 第五节　国际科技合作奖

**第三十三条**　奖励条例第十二条所称"外国人或者外国组织"，是指在双边或者多边国际科技合作中对中国科学技术事业做出重要贡献的外国科学家、工程技术人员、科技管理人员和科学技术研究、开发、管理等组织。

**第三十四条**　被授予国际科技合作奖的外国人或者组

织，应当具备下列条件之一：

（一）在与中国的公民或者组织进行合作研究、开发等方面取得重大科技成果，对中国经济与社会发展有重要推动作用，并取得显著的经济效益或者社会效益。

（二）在向中国的公民或者组织传授先进科学技术、提出重要科技发展建议与对策、培养科技人才或者管理人才等方面做出了重要贡献，推进了中国科学技术事业的发展，并取得显著的社会效益或者经济效益。

（三）在促进中国与其他国家或者国际组织的科技交流与合作方面做出重要贡献，并对中国的科学技术发展有重要推动作用。

**第三十五条** 国际科技合作奖每年授奖数额不超过10个。

## 第三章 评审组织

**第三十六条** 国家科学技术奖励委员会的主要职责是：

（一）聘请有关专家组成国家科学技术奖评审委员会；

（二）审定国家科学技术奖评审委员会的评审结果；

（三）对国家科学技术奖的推荐、评审和异议处理工作进行监督；

（四）为完善国家科学技术奖励工作提供政策性意见和建议；

（五）研究、解决国家科学技术奖评审工作中出现的其他重大问题。

**第三十七条** 国家科学技术奖励委员会委员 15-20 人。主任委员由科学技术部部长担任，设副主任委员 1 至 2 人、秘书长 1 人。国家科学技术奖励委员会委员由科技、教育、经济等领域的著名专家、学者和行政部门领导组成。委员人选由科学技术部提出，报国务院批准。

国家科学技术奖励委员会实行聘任制，每届任期 3 年。

**第三十八条** 国家科学技术奖励委员会下设国家最高科学技术奖、国家自然科学奖、国家技术发明奖、国家科学技术进步奖和国际科技合作奖等国家科学技术奖评审委员会。其主要职责是：

（一）负责各国家科学技术奖的评审工作；

（二）向国家科学技术奖励委员会报告评审结果；

（三）对国家科学技术奖评审工作中出现的有关问题进行处理；

（四）对完善国家科学技术奖励工作提供咨询意见。

第三十九条　国家科学技术奖各评审委员会分别设主任委员 1 人、副主任委员 2 至 4 人、秘书长 1 人、委员若干人。委员人选由科学技术部向国家科学技术奖励委员会提出建议。秘书长由奖励办公室主任担任。

国家科学技术奖评审委员会委员实行聘任制，每届任期 3 年，连续任期不得超过两届。

第四十条　国家技术发明奖、国家科学技术进步奖评审委员会内设专用项目小组，负责国防、国家安全等保密项目的评审，并将评审结果向评审委员会报告。

第四十一条　根据评审工作需要，国家科学技术奖各评审委员会可以设立若干评审组，对相关国家科学技术奖的候选人及项目进行初评，初评结果报相应的国家科学技术奖评审委员会。

第四十二条　各评审组设组长 1 人、副组长 1 至 3 人、委员若干人，组长一般由相应国家科学技术奖评审委员会的委员担任。评审组委员实行资格聘任制，其资格由科学技术部认定。

各评审组的委员组成，由奖励办公室根据当年国家科学技术奖推荐的具体情况，从有资格的人选中提出，经评审委员会秘书长审核，报相应评审委员会主任委员批准。评审组委员每年要进行一定比例的轮换。

**第四十三条** 科学技术部可以委托相关部门协助负责涉及国防、国家安全方面的国家技术发明奖和国家科学技术进步奖评审组的相关日常工作。

**第四十四条** 国家科学技术奖各评审委员会的委员因故不能出席会议，可能影响评审工作正常进行时，可以由相关评审组的委员或者经科学技术部认定具备评审资格的专家代替，并享有与其他委员同等的权利。具体人选由评审委员会秘书长提名，经相应评审委员会主任委员批准。

**第四十五条** 国家科学技术奖评审委员会及其评审组的委员和相关的工作人员应当对候选人和候选单位所完成项目的技术内容及评审情况严格保守秘密。

## 第四章　推荐和受理

**第四十六条** 奖励条例第十五条第一款（一）、（二）、（三）所列推荐单位的推荐工作，由其科学技术主管机构负责。

**第四十七条** 奖励条例第十五条第一款（四）所称"其他单位"，是指经科学技术部认定，具备推荐条件的国务院直属事业单位、中央有关部门及其他特定的机关、企事业单位和社会团体等。

**第四十八条** 奖励条例第十五条第一款（四）所称"科学技术专家"，是指国家最高科学技术奖获奖人、中国科学院院士、中国工程院院士。

**第四十九条** 国家科学技术奖实行限额推荐制度。各推荐单位在奖励办公室当年下达的限额范围内进行推荐。

国家最高科学技术奖获奖人每人每年度可推荐 1 名（项）所熟悉专业的国家科学技术奖。中国科学院院士、中国工程院院士每年度可 3 人以上共同推荐 1 名（项）所熟悉专业的国家科学技术奖。

推荐单位推荐国家自然科学奖、国家技术发明奖和国家科学技术进步奖特等奖的，应当在推荐前征得 5 名以上熟悉该项目的院士的同意。

**第五十条** 国家自然科学奖、国家技术发明奖和国家科学技术进步奖特等奖的推荐单位、推荐人，应当按照本细则规定的条件严格控制候选人、候选单位的数量。

**第五十一条** 推荐单位、推荐人推荐国家科学技术奖的候选人、候选单位应当征得候选人和候选单位的同意，并填写由奖励办公室制作的统一格式的推荐书，提供必要的证明或者评价材料。推荐书及有关材料应当完整、真实、可靠。

**第五十二条** 推荐单位、推荐人认为有关专家学者参加评审可能影响评审公正性的，可以要求其回避，并在推荐时书面提出理由及相关的证明材料。每项推荐所提出的回避专家人数不得超过 3 人。

**第五十三条** 凡存在知识产权以及有关完成单位、完成人员等方面争议并正处于诉讼、仲裁或行政裁决、行政复议程序中的，在争议解决前不得推荐参加国家科学技术奖评审。

**第五十四条** 法律、行政法规规定必须取得有关许可证的项目，如动植物新品种、食品、药品、基因工程技术和产品等，在未获得主管行政机关批准之前，不得推荐参加国家科学技术奖评审。

**第五十五条** 同一技术内容不得在同一年度重复推荐参加国家自然科学奖、国家技术发明奖和国家科学技术进步奖的评审。

**第五十六条** 经评定未授奖的国家自然科学奖、国家技术发明奖和国家科学技术进步奖候选人、候选单位，如果再次以相关项目技术内容推荐须隔一年进行。

**第五十七条** 我国公民或者组织在国外以及我国公民在

中国的外资机构，单独或者合作取得重大科学技术成果，符合奖励条例和本细则规定的条件，且成果的主要学术思想、技术路线和研究工作由我国公民或者组织提出和完成，并享有有关的知识产权，可以推荐为国家科学技术奖候选人或者候选组织。

**第五十八条** 对科学技术进步、经济建设、社会发展和国家安全具有特别意义或者重大影响的科学技术成果，可适时推荐国家科学技术奖励。

**第五十九条** 符合奖励条例第十五条及本细则规定的推荐单位和推荐人，应当在规定的时间内向奖励办公室提交推荐书及相关材料。奖励办公室负责对推荐材料进行形式审查。经审查不符合规定的推荐材料，不予受理并退回推荐单位或推荐人。

**第六十条** 奖励办公室应当在其官方网站等媒体上公布通过形式审查的国家自然科学奖、国家技术发明奖、国家科学技术进步奖的候选人、候选单位及项目。涉及国防、国家安全的保密项目，在适当范围内公布。

**第六十一条** 候选人、候选单位及其项目如被发现存在本细则规定不得推荐的情形的，不提交评审。

**第六十二条** 候选人、候选单位及其项目经奖励办公室公告受理后要求退出评审的，由推荐单位（推荐人）以书面方式向奖励办公室提出。经批准退出评审的，如再次以相关项目技术内容推荐国家科学技术奖，须隔一年以上进行。

## 第五章 异 议 处 理

**第六十三条** 国家科学技术奖励接受社会的监督。国家自然科学奖、国家技术发明奖和国家科学技术进步奖的评审工作实行异议制度。

任何单位或者个人对国家科学技术奖候选人、候选单位及其项目的创新性、先进性、实用性及推荐材料真实性等持有异议的，应当在受理项目公布之日起 60 日内向奖励办公室提出，逾期不予受理。

**第六十四条** 提出异议的单位或者个人应当提供书面异议材料，并提供必要的证明文件。

提出异议的单位、个人应当表明真实身份。个人提出异议的，应当在书面异议材料上签署真实姓名；以单位名义提出异议的，应当加盖本单位公章。以匿名方式提出的异议一般不予受理。

**第六十五条** 提出异议的单位、个人不得擅自将异议材料直接提交评审组织或者其委员；委员收到异议材料的，应当及时转交奖励办公室，不得提交评审组织讨论和转发其他委员。

**第六十六条** 奖励办公室在接到异议材料后应当进行审查，对符合规定并能提供充分证据的异议，应予受理。

**第六十七条** 为维护异议者的合法权益，奖励办公室、推荐单位及其工作人员和推荐人，以及其他参与异议调查、处理的有关人员应当对异议者的身份予以保密；确实需要公开的，应当事前征求异议者的意见。

**第六十八条** 涉及候选人、候选单位所完成项目的创新性、先进性、实用性及推荐材料真实性等内容的异议由奖励办公室负责协调，由有关推荐单位或者推荐人协助。推荐单位或者推荐人接到异议通知后，应当在规定的时间内核实异议材料，并将调查、核实情况报送奖励办公室审核。必要时，奖励办公室可以组织评审委员和专家进行调查，提出处理意见。

涉及候选人、候选单位及其排序的异议由推荐单位或者推荐人负责协调，提出初步处理意见报送奖励办公室审核。涉及跨部门的异议处理，由奖励办公室负责协调，相关推荐单位或者推荐人协助，其处理程序参照前款规定办理。

推荐单位或者推荐人接到异议材料后，在异议通知规定的时间内未提出调查、核实报告和协调处理意见的，该项目不提交评审。

涉及国防、国家安全项目的异议，由有关部门处理，并将处理结果报奖励办公室。

**第六十九条** 异议处理过程中，涉及异议的任何一方应当积极配合，不得推诿和延误。候选人、候选单位在规定时间内未按要求提供相关证明材料的，视为承认异议内容；提出异议的单位、个人在规定时间内未按要求提供相关证明材料的，视为放弃异议。

**第七十条** 异议自异议受理截止之日起 60 日内处理完毕的，可以提交本年度评审；自异议受理截止之日起一年内处理完毕的，可以提交下一年度评审；自异议受理截止之日起一年后处理完毕的，可以重新推荐。

**第七十一条** 奖励办公室应当向相关的国家科学技术奖评审委员会报告异议核实情况及处理意见，提请国家科学技术奖评审委员会决定，并将决定意见通知异议方和推荐单位、推荐人。

奖励办公室应当及时向科学技术奖励监督委员会报告异议处理情况。

# 第六章　评　审

**第七十二条**　对形式审查合格的推荐材料，由奖励办公室提交相应评审组进行初评。

**第七十三条**　初评可以采取定量和定性评价相结合的方式进行。奖励办公室负责制订国家科学技术奖的定量评价指标体系。

**第七十四条**　在保障国家安全和候选人、候选单位合法权益的情况下，奖励办公室可以邀请海外同行专家对国家科学技术奖候选人、候选单位及项目进行评议，并将有关意见提交相关评审组织。

**第七十五条**　对通过初评的国家最高科学技术奖、国际科技合作奖人选，及通过初评且没有异议或者虽有异议但已在规定时间内处理的国家自然科学奖、国家技术发明奖、国家科学技术进步奖人选及项目，提交相应的国家科学技术奖评审委员会进行评审。

**第七十六条**　必要时，奖励办公室可以组织国家科学技术奖有关评审组织的评审委员对候选人、候选单位及其项目进行实地考察。

**第七十七条** 国际科技合作奖的评审结果应当征询我国有关驻外使、领馆或者派出机构的意见。

**第七十八条** 国家科学技术奖励委员会对国家科学技术奖各评审委员会的评审结果进行审定。

**第七十九条** 国家科学技术奖的评审表决规则如下：

（一）初评以网络评审或者会议评审方式进行，以记名限额投票表决产生初评结果。

（二）国家科学技术奖各评审委员会以会议方式进行评审，以记名投票表决产生评审结果。

（三）国家科学技术奖励委员会以会议方式对各评审委员会的评审结果进行审定。其中，对国家最高科学技术奖以及国家自然科学奖、国家技术发明奖和国家科学技术进步奖的特等奖以记名投票表决方式进行审定。

（四）国家科学技术奖励委员会及各评审委员会、评审组的评审表决应当有三分之二以上多数（含三分之二）委员参加，表决结果有效。

（五）国家最高科学技术奖、国际科技合作奖的人选，以及国家自然科学奖、国家技术发明奖和国家科学技术进步奖的特等奖、一等奖应当由到会委员的三分之二以上多数（含三分之二）通过。

国家自然科学奖、国家技术发明奖和国家科学技术进步奖的二等奖应当由到会委员的二分之一以上多数（不含二分之一）通过。

**第八十条** 国家科学技术奖评审实行回避制度，与被评审的候选人、候选单位或者项目有利害关系的评审专家应当回避。

**第八十一条** 奖励办公室应当在其官方网站等媒体上公布通过初评和评审的国家自然科学奖、国家技术发明奖、国家科学技术进步奖的候选人、候选单位及项目。涉及国防、国家安全的保密项目，在适当范围内公布。

## 第七章 批准和授奖

**第八十二条** 科学技术部对国家科学技术奖励委员会做出的获奖人选、项目及等级的决议进行审核，报国务院批准。

**第八十三条** 国家最高科学技术奖由国务院报请国家主席签署并颁发证书和奖金。

国家最高科学技术奖奖金数额为 500 万元。其中 50 万元属获奖人个人所得，450 万元由获奖人自主选题，用作科学研究经费。

**第八十四条**  国家自然科学奖、国家技术发明奖、国家科学技术进步奖由国务院颁发证书和奖金。

国家自然科学奖、国家技术发明奖、国家科学技术进步奖奖金数额由科学技术部会同财政部另行公布。

**第八十五条**  国际科技合作奖由国务院颁发证书。

**第八十六条**  国家自然科学奖、国家技术发明奖和国家科技进步奖每年奖励项目总数不超过 400 项。其中，每个奖种的特等奖项目不超过 3 项，一等奖项目不超过该奖种奖励项目总数的 15%。

## 第八章  监督及处罚

**第八十七条**  国家科学技术奖励委员会设立的科学技术奖励监督委员会负责对国家科学技术奖的推荐、评审和异议处理工作进行监督。

科学技术奖励监督委员会组成人选由科学技术部提出，报国家科学技术奖励委员会批准。

**第八十八条**  国家科学技术奖各评审委员会和奖励办公室应当定期向科学技术奖励监督委员会报告有关国家科学技

术奖的推荐、评审和异议处理的工作情况。必要时，科学技术奖励监督委员会可以要求进行专题汇报。

第八十九条　任何单位和个人发现国家科学技术奖的评审和异议处理工作中存在问题的，可以向科学技术奖励监督委员会进行举报和投诉。有关方面收到举报或者投诉材料的，应当及时转交科学技术奖励监督委员会。

第九十条　国家科学技术奖励实行评审信誉制度。科学技术部对参加评审活动的专家学者建立信誉档案，信誉记录作为提出评审委员会委员和评审组委员人选的重要依据。

第九十一条　科学技术奖励监督委员会对评审活动进行经常性监督检查，对在评审活动中违反奖励条例及本细则有关规定的单位和个人，可以分别情况建议有关方面给予相应的处理。

第九十二条　对通过剽窃、侵夺他人科学技术成果，弄虚作假或者其他不正当手段谋取国家科学技术奖的单位和个人，尚未授奖的，由奖励办公室取消其当年获奖资格；已经授奖的，经国家科学技术奖励委员会审核，由科学技术部报国务院批准后撤销奖励，追回奖金，并公开通报。情节严重者，取消其一定期限内或者终身被推荐国家科学技术奖的资格。同时，建议其所在单位或主管部门给予相应的处分。

**第九十三条** 推荐单位和推荐人提供虚假数据、材料，协助被推荐单位和个人骗取国家科学技术奖的，由科学技术部予以通报批评；情节严重的，暂停或者取消其推荐资格；对负有直接责任的主管人员和其他直接责任人员，建议其所在单位或主管部门给予相应的处分。

**第九十四条** 参与国家科学技术奖评审工作的专家在评审活动中违反评审行为准则和相关规定的，由科学技术部分别情况给予责令改正、记录不良信誉、警告、通报批评、解除聘任或者取消资格等处理；同时可以建议其所在单位或主管部门给予相应的处分。

**第九十五条** 参与国家科学技术奖评审组织工作的人员在评审活动中弄虚作假、徇私舞弊的，由科学技术部或者相关主管部门依法给予相应的处分。

**第九十六条** 对国家科学技术奖获奖项目的宣传应当客观、准确，不得以夸大、模糊宣传误导公众。获奖成果的应用不得损害国家利益、社会安全和人民健康。

对违反前款规定，产生严重后果的，依法给予相应的处理。

## 第九章　附　　则

**第九十七条**　国家科学技术奖的推荐、评审、授奖的经费管理，按照国家有关规定执行。

**第九十八条**　本细则自 2009 年 2 月 1 日起施行。

# 国家科技计划实施中科研不端行为
# 处理办法（试行）

（2006 年 11 月 7 日科学技术部令第 11 号公布
自 2007 年 1 月 1 日起施行）

## 第一章　总　　则

**第一条**　为了加强国家科技计划实施中的科研诚信建设，根据《中华人民共和国科学技术进步法》的有关规定，制定本办法。

**第二条**　对科学技术部归口管理的国家科技计划项目的申请者、推荐者、承担者在科技计划项目申请、评估评审、检查、项目执行、验收等过程中发生的科研不端行为（以下称科研不端行为）的查处，适用本办法。

第三条　本办法所称的科研不端行为，是指违反科学共同体公认的科研行为准则的行为，包括：

（一）在有关人员职称、简历以及研究基础等方面提供虚假信息；

（二）抄袭、剽窃他人科研成果；

（三）捏造或篡改科研数据；

（四）在涉及人体的研究中，违反知情同意、保护隐私等规定；

（五）违反实验动物保护规范；

（六）其他科研不端行为。

第四条　科学技术部、行业科技主管部门和省级科技行政部门（以下简称项目主持机关）、国家科技计划项目承担单位（以下称项目承担单位）是科研不端行为的调查机构，根据其职责和权限对科研不端行为进行查处。

第五条　调查和处理科研不端行为应遵循合法、客观、公正的原则。

在调查和处理科研不端行为中，要正确把握科研不端行为与正当学术争论的界限。

# 第二章　调查和处理机构

**第六条**　任何单位和个人都可以向科学技术部、项目主持机关、项目承担单位举报在国家科技计划项目实施过程中发生的科研不端行为。

鼓励举报人以实名举报。

**第七条**　科学技术部负责查处影响重大的科研不端行为。必要时，科学技术部会同其他部门联合进行查处。

科学技术部成立科研诚信建设办公室（以下称办公室），负责科研诚信建设的日常工作。其主要职责是：

（一）接受、转送对科研不端行为的举报；

（二）协调项目主持机关和项目承担单位的调查处理工作；

（三）向被处理人或实名举报人送达科学技术部的查处决定；

（四）推动项目主持机关、项目承担单位的科研诚信建设；

（五）研究提出加强科研诚信建设的建议；

（六）科技部交办的其他事项。

第八条　项目主持机关负责对其推荐、主持、受委托管理的科技计划项目实施中发生的科研不端行为进行调查和处理。

项目主持机关应当建立健全科研诚信建设工作体系。

第九条　项目承担单位负责对本单位承担的国家科技计划项目实施中发生的科研不端行为进行调查和处理。

承担国家科技计划项目的科研机构、高等学校应当建立科研诚信管理机构，建立健全调查处理科研不端行为的制度。科研机构、高等学校的科研诚信制度建设，作为国家科技计划项目立项的条件之一。

第十条　国家科技计划项目承担者在申请项目时应当签署科研诚信承诺书。

## 第三章　处罚措施

第十一条　项目承担单位应当根据其权限和科研不端行为的情节轻重，对科研不端行为人做出如下处罚：

（一）警告；

（二）通报批评；

（三）责令其接受项目承担单位的定期审查；

（四）禁止其一定期限内参与项目承担单位承担或组织的科研活动；

（五）记过；

（六）降职；

（七）解职；

（八）解聘、辞退或开除等。

**第十二条** 项目主持机关应当根据其权限和科研不端行为的情节轻重，对科研不端行为人做出如下处罚：

（一）警告；

（二）在一定范围内通报批评；

（三）记过；

（四）禁止其在一定期限内参加项目主持机关主持的国家科技计划项目；

（五）解聘、开除等。

**第十三条** 科学技术部应当根据其权限和科研不端行为的情节轻重，对科研不端行为人做出如下处罚：

（一）警告；

（二）在一定范围内通报批评；

（三）中止项目，并责令限期改正；

（四）终止项目，收缴剩余项目经费，追缴已拨付项目经费；

（五）在一定期限内，不接受其国家科技计划项目的申请。

**第十四条** 项目主持机关对举报的科研不端行为不开展调查、无故拖延调查的，科学技术部可以停止该机关在一定期限内主持、管理相关项目的资格。

**第十五条** 被调查人有下列情形之一的，从轻处罚：

（一）主动承认错误并积极配合调查的；

（二）经批评教育确有悔改表现的；

（三）主动消除或者减轻科研不端行为不良影响的；

（四）其他应从轻处罚的情形。

**第十六条** 被调查人有下列情形之一的，从重处罚：

（一）藏匿、伪造、销毁证据的；

（二）干扰、妨碍调查工作的；

（三）打击、报复举报人的；

（四）同时涉及多种科研不端行为的。

**第十七条** 举报人捏造事实、故意陷害他人的，一经查实，在一定期限内，不接受其国家科技计划项目的申请。

**第十八条** 科研不端行为涉嫌违纪、违法的，移交有关机关处理。

# 第四章　处理程序

**第十九条**　调查机构接到举报后，应进行登记。

被举报的行为属于本办法规定的科研不端行为，且事实基本清楚，并属于本机构职责范围的，应予以受理；不属于本机构职责范围的，转送有关机构处理。

不符合受理条件不予受理的，应当书面通知实名举报人。

**第二十条**　调查机构应当成立专家组进行调查。专家组包括相关领域的技术专家、法律专家、道德伦理专家。项目承担单位为调查机构的，可由其科研诚信管理机构进行调查。

专家组成员或调查人员与举报人、被举报人有利害关系的，应当回避。

**第二十一条**　在有关举报未被查实前，调查机构和参与调查的人员不得公开有关情况；确需公开的，应当严格限定公开范围。

**第二十二条**　被调查人、有关单位及个人有义务协助提供必要证据，说明事实真相。

第二十三条 调查工作应当按照下列程序进行：

（一）核实、审阅原始记录，多方面听取有关人员的意见；

（二）要求被调查人提供有关资料，说明事实情况；

（三）形成初步调查意见，并听取被调查人的陈述和申辩；

（四）形成调查报告。

第二十四条 科研不端行为影响重大或争议较大的，可以举行听证会。需经过科学试验予以验证的，应当进行科学试验。

听证会和科学试验由调查机构组织。

第二十五条 专家组完成调查工作后，向调查机构提交调查报告。

调查报告应当包括调查对象、调查内容、调查过程、主要事实与证据、处理意见。

第二十六条 调查机构根据专家组的调查报告，做出处理决定。

第二十七条 调查机构应在做出处理决定后 10 日内将处理决定送被处理人、实名举报人。

第二十八条 项目主持机关、项目承担单位为调查机构的，应当在做出处理决定后 10 日内将处理决定送科学技术部科研诚信建设办公室备案。

科学技术部将处理决定纳入国家科技计划信用信息管理体系，作为科技计划实施和管理的参考。

## 第五章　申诉和复查

第二十九条　被处理人或实名举报人对调查机构的处理决定不服的，可以在收到处理决定后 30 日内向调查机构或其上级主管部门提出申诉。

科学技术部和国务院其他部门为调查机构的，申诉应向调查机构提出。

第三十条　收到申诉的机构经审查，认为原处理决定认定事实不清，或适用法律、法规和有关规定不正确的，应当进行复查。

复查机构应另行组成专家组进行调查。复查程序按照本办法规定的调查程序进行。

收到申诉的机构决定不予复查的，应书面通知申诉人。

第三十一条　申诉人对复查决定仍然不服，以同一事实和理由提出申诉的，不予受理。

**第三十二条** 被处理人对有关行政机关的处罚决定不服的，可以依照《中华人民共和国行政复议法》的规定，申请复议。

属于人事和劳动争议的，依照有关规定处理。

## 第六章 附 则

**第三十三条** 在国家科技奖励推荐、评审过程中发生的科研不端行为，参照本规定执行。

**第三十四条** 本办法自 2007 年 1 月 1 日起施行。

# 国家科技计划管理暂行规定

（2001 年 1 月 20 日科学技术部令第 4 号发布
自发布之日起施行）

## 第一章 总 则

**第一条** 为了规范国家科技计划管理，明确设立国家科技计划的基本程序和要求，强化国家科技计划管理的责任机制，建立国家科技计划管理的基本制度，根据《中华人民共和国科学技术进步法》的有关要求，制定本规定。

第二条　本规定所称的国家科技计划是指：根据国家科技发展规划和战略安排的，以中央财政支持或以宏观政策调控、引导，由政府行政部门组织和实施的科学研究与试验发展活动及相关的其他科学技术活动。国家科技计划是国家解决社会和经济发展中涉及的重大科技问题、实现科技资源合理配置的重要手段。

第三条　国家科技计划管理应遵循以下基本原则：

（一）制定、实施和管理国家科技计划必须依法进行；

（二）国家科技计划设立和项目选择必须保证国家目标的实现；

（三）简化管理程序，加强国家科技计划管理的政策、制度和规律研究，提高国家科技计划管理的效率；

（四）建立国家科技计划的管理公开制度，促进公众对国家科技计划管理的了解和参与，提高管理决策的公开性和公正性。

第四条　本规定适用于：

（一）涉及国家科技计划体系中以中央财政投入为主的国家高技术研究发展计划（863计划）、科技攻关计划、基础研究计划、研究开发能力条件建设计划、科技产业化环境建设计划等；

（二）根据国民经济和社会发展需要而新设立的国家科技计划。

## 第二章　国家科技计划的设立

**第五条**　科技部根据国家科技发展战略、科技发展规划，结合国民经济和社会发展以及国家安全等对科技的现实需求，适时向国务院提出需由中央财政新增经费支持而设立的国家科技计划的建议。

**第六条**　科技部应当在组织国务院有关部门、地方科技行政管理部门和科技界、经济界权威专家对国家科技计划建议讨论和咨询后，起草设立国家科技计划的建议报告草案。

国家科技计划的建议报告草案应当符合以下基本要求：

（一）拟设立的国家科技计划目标、任务和重点必须与国民经济和社会发展的总体部署和安排相协调，并符合国家产业政策、科技政策的要求；

（二）应对国家科技计划的宗旨、目标、任务、范围、内容、管理和运行等明确地予以界定，并说明该计划同现有的其他国家科技计划的关系；

（三）应提供该计划的资金预算，包括所需要的资金规模和资金来源，并说明该计划的实施期限（周期）；

（四）应提供该计划相关领域的技术发展趋势分析和有关背景资料。

第七条　科技部应将建议报告草案提交由科技、经济和管理专家参加的、独立于行政管理部门的高层咨询委员会咨询，经高层咨询委员会对建议报告草案咨询审议并通过后，由科技部按程序报送国务院批准。

高层咨询委员会的专家由科技部聘任。

第八条　国家科技计划在计划周期内应具有相对的稳定性，其宗旨、目标任务的重大调整及撤销或更名，应经科技部审议后报国务院批准。

第九条　利用现有中央财政经费而新设立的国家科技计划由科技部部务会讨论通过后即可实施。

第十条　本规定第四条（一）所列的现有各类国家科技计划的调整和变化不适用于本章规定。

## 第三章　各类国家科技计划管理办法的制定程序

第十一条　各类国家科技计划启动实施前，应当制定具体的管理办法，并可根据管理的需要，制定有关实施细则。各类国家科技计划的管理办法在计划实施期内可以通过制定有关补充规定的方式予以修订。

第十二条　各类国家科技计划的管理办法由科技部专项计划部门组织起草。起草单位应将草案及其说明、各方面对草案的不同意见和其他有关资料报送科技部综合计划部门。

第十三条　科技部综合计划部门负责对各类国家科技计划的管理办法草案进行审查，起草审查报告，并按科技部规定的有关程序办理。

审查报告应当包括以下内容：

（一）对草案的审查结果和对草案主要问题的说明；

（二）征求意见的范围及有关方面对草案的不同意见；

（三）对不同意见的处理建议和对草案的修改意见。

第十四条　各类国家科技计划管理办法由科技部部长签发，在指定报刊上刊登予以公布。

第十五条　各类国家科技计划管理办法的实施细则和补充规定应依照本规定第十二条至第十四条的规定程序执行。

第十六条　根据科技政策和有关法律法规，针对计划管理工作的实际需求，各类国家科技计划管理办法可以就下列事项做出具体规定：

（一）计划的目标、宗旨、性质、范围、周期等；

（二）计划的组织管理。主要涉及管理模式、组织结构、责任主体及其相应的责任、权利和义务；

（三）计划实施的基本程序和相应的管理要求；

（四）计划经费管理的有关事项，主要包括经费渠道、预算编制和经费下达的程序以及经费使用、监督和检查；

（五）计划的有效期。

## 第四章　国家科技计划管理的责任机制

**第十七条**　国家科技计划管理和实施的责任主体分为以下三类：

（一）主管国家科技计划的科技行政管理部门；

（二）经科技行政管理部门授权或委托，行使部分计划管理权并负责项目组织实施管理的机构；

（三）国家科技计划项目承担者。

**第十八条**　科技部在国家科技计划管理中的主要职能是：

（一）确定计划项目并优选项目承担者；

（二）确定计划项目经费额度，并根据合同或任务书确定的额度和时限下达经费；

（三）对项目的计划进度进行监督检查和验收。对于不能恰当履行合同义务的项目承担者，应通报批评，并视具体情况中止或取消合同；

（四）制定特定条件下的快速决策程序或紧急处置程序，处理国务院交办的紧急任务或其他重要事项。

第十九条　根据国家科技计划管理的需要，科技部可选择符合一定条件的部门、机构行使部分计划管理职能，通过签定合同、协议等方式建立正式的授权或委托关系，并明确相应的职责和权限。

被授权或委托负责项目组织实施管理的机构必须做到：

（一）只能在被授权或委托的范围内行使职权，不得越权管理；

（二）接受科技部的监督和检查；

（三）在行使国家科技计划管理职权的同时，不得利用被授权或委托的管理职能从事营利性活动。

第二十条　国家科技计划项目的承担者具有以下责任和义务：

（一）严格履行国家科技计划项目合同或任务书，遵守国家科技计划管理的有关规定，完成项目计划任务。对于违约或违反管理规定的单位和个人，应承担相应的责任并根据有关规定接受处罚；

（二）按要求向国家科技行政管理部门提供各种报告，接受科技部及其授权或委托机构的监督和评估；

（三）客观、及时向有关上级部门反映国家科技计划管理中的各类问题。

## 第五章　国家科技计划的管理制度

**第二十一条**　国家科技计划管理应在严格执行《科学技术保密规定》等科技保密法规的基础上，建立管理公开制度。国家科技计划管理公开制度的基本内容包括公告、共享、查询三个方面。

（一）公告：科技部应通过一定的程序向公众告知国家科技计划的有关信息。在管理公开制度中，除了涉及国家机密和计划制定时确定的保密内容外，应对公告的信息内容、方式、范围、信息更新时间及争议期的设定等事项做出具体规定；

（二）共享：科技部应建立计划的数据库和档案系统，并按一定的标准制定关于数据和档案的保存、使用和共享的规定，包括数据和档案的基本框架、内容、保存的方式和年限、共享的条件、申请使用的要求等；

（三）查询：国家科技计划管理涉及的项目承担者有权通过相应的程序，查询有关信息。专项计划管理部门应根据国家科技计划的特点，制定信息查询的内容、申请查询的程序及回复查询要求的时限等有关规定。

**第二十二条** 国家科技计划必须建立报告制度，明确规定报告的内容、要求和报告期。国家科技计划管理的基本报告类型如下：

（一）进度报告：国家科技计划项目承担者、被授权或委托负责项目组织实施管理机构有责任定期按要求向科技部专项、综合计划部门报告计划项目执行情况；

（二）统计调查报告：国家科技计划项目承担者需如实填报由科技部制发的统计调查表；

（三）调整报告：国家科技计划项目承担者要求调整合同目标、变更项目主持人及延期验收等，需及时向科技部专项计划部门报告；科技部专项计划部门应对其调整要求明确签署意见；

（四）重要事件报告：如果计划项目取得重大进展、突破，或发生可能影响合同按期完成的重大事件或难以协调的问题，项目承担者及被授权或委托负责项目组织实施管理机构有责任向科技部专项计划部门及时报告；

（五）财务报告：项目承担者有责任定期向科技部专项、综合计划部门报告经费到位及使用情况，按要求提交项目年度财务决算；

（六）验收报告：项目承担者有责任向科技部专项、综合计划部门或受委托组织验收活动的机构提交所要求的各类报告。

第二十三条　国家科技计划管理实行回避制度，具体回避内容如下：

（一）国家科技计划管理者的回避。在立项、经费分配、项目验收、争议处理等环节，对于涉及科技行政管理部门、管理人员以及授权或委托机构自身利益的事项，当事者有责任主动提出声明，并实行回避；

（二）选择咨询专家的回避。以下人员不宜选择为咨询专家：与咨询对象有利益关系的人、咨询对象因正当理由而事先正式申请希望回避的人；

（三）选择中介机构的回避。委托中介机构进行招标投标、评估等任务时，若中介机构与国家科技计划管理和实施有关责任主体之间存在某种形式的经济利益关系，应实行回避。

第二十四条　科技部可根据计划管理的需要建立内部监

督和外部评估制度，明确规定执行监督与评估的时间、程序、方式以及各方面的责任，并在项目合同及任务书中具体约定。除特殊情况，任何人不得在监督与评估制度的规定之外随意执行监督、评估行为。

## 第六章　附　　则

第二十五条　本规定发布之前已制定的各类国家科技计划管理办法如与本规定不相符的，应当按本规定重新制定或修订。

第二十六条　本规定自发布之日起施行。

# 国家科技计划项目管理暂行办法

（2001 年 1 月 20 日科学技术部令第 5 号发布
自发布之日起施行）

## 第一章　总　　则

第一条　为规范国家科技计划项目管理，提高科技计划项目管理的效率，保证科技计划项目管理的公开、公正和科学，制定本办法。

**第二条** 国家科技计划项目（以下称项目）是指在国家科技计划中实施安排，由单位或个人承担，并在一定时间周期内进行的科学技术研究开发活动。

**第三条** 国家科技计划项目管理实行依法管理、规范权限、明确职责、管理公开、精简高效的原则，并严格按《国家科技计划管理暂行规定》和相关各类国家科技计划管理办法中的有关规定组织实施。

**第四条** 本办法主要适用于以中央财政投入为主的各类国家科技计划的项目立项、实施管理、项目验收和专家咨询等项目管理工作。

## 第二章 项 目 立 项

**第五条** 项目立项一般应包括申请、审批、签约三个基本程序。

**第六条** 科技部专项计划部门在启动项目申请工作前，应根据科技发展规划和战略，发布项目指南或优先领域，并依据计划的性质、宗旨和功能定位，明确申请项目的选择范围、领域、性质、规模、目标方向等，确定项目申报的时间、渠道、方式。

第七条　项目指南和优先领域已明确项目目标和任务，并符合招标投标条件的，应当依据《科技项目招标投标暂行管理办法》中的相关规定执行。

第八条　申请项目的申请者（包括单位或个人）应当符合以下基本条件：

（一）符合该计划对申请者的主体资格（包括法人性质、经济性质、国籍）等方面要求；

（二）在相关研究领域和专业应具有一定的学术地位和技术优势；

（三）具有为完成项目必备的人才条件和技术装备；

（四）具有与项目相关的研究经历和研究积累；

（五）具有完成项目所需的组织管理和协调能力；

（六）具有完成项目的良好信誉度。

第九条　申请项目应符合国家科技、经济和社会发展战略，符合国家产业政策和科技政策，符合国家科技发展规划、计划的总体部署和安排。

第十条　申请项目应提供以下三部分材料：

（一）项目申请表（由科技部统一印制）；

（二）项目建议书（由申请者按照科技部要求的内容框架编写）；

（三）项目建议书的附件（与项目建议书内容有关的证明材料、专家评议意见、相关单位的项目推荐意见）。

**第十一条** 项目建议书的内容和框架一般应包括：

（一）立项的背景和意义；

（二）国内外研究现状和发展趋势；

（三）现有研究基础、特色和优势；

（四）应用或产业化前景、科技发展或市场需求；

（五）研究内容与预期目标；

（六）研究方案、技术路线、组织方式与课题分解；

（七）年度计划内容；

（八）主要研究人员和单位简况及具备的条件；

（九）经费预算；

（十）有关上级单位或评估机构的意见。

除满足上述条件外，不同类型项目的建议书可有所侧重，或根据需要增加新的内容。

**第十二条** 项目申请，必须严格按各类国家科技计划管理办法规定的渠道、方式、时间执行。申请渠道可按行政隶属关系逐级汇总、审核；或由申请者经有关行业和地方科技行政管理部门推荐后直接申报，最终由科技部专项计划部门受理。

第十三条　经科技部专项计划部门或由其委托的有关机构对项目建议书进行讨论、咨询和审查后，符合条件并通过审查的项目，可以进入可行性论证或评估。

第十四条　科技部专项计划部门负责组织或委托有关机构进行项目可行性报告的论证或评估工作。

第十五条　可行性报告内容和框架一般应包括：

（一）项目的背景和意义；

（二）国内外研究开发现状和发展趋势（包括知识产权状况）；

（三）拟承担单位的技术优势和条件；

（四）项目目标、研究内容和关键技术；

（五）技术路线方案、课题分解；

（六）经费的预算；

（七）年度进度和目标；

（八）预期成果；

（九）项目负责人的技术水平和组织管理能力介绍；

（十）有关上级单位的意见。

第十六条　可行性论证或评估报告应对项目给出可行、

不可行或需作复议的明确结论意见，并交科技部专项计划部门负责审核。对论证结论"需作复议"的项目，申请者应对有关内容进行必要的修改，然后将修改完善后的论证报告送科技部专项计划部门进行复审。

第十七条 对通过可行性论证审核的项目，科技部将以部发文的形式给予批复，并根据管理公开制度在相关范围或媒体向社会公众发布列入计划项目公告。

第十八条 对符合评估条件的项目，应当依据《科技评估管理暂行办法》中的相关规定执行。

第十九条 列入国家科技计划的项目，科技部专项计划部门应根据不同计划的性质，通过合同或计划任务书形式，确定项目各方的权利和义务。

第二十条 列入国家科技计划的项目实行统一编号，有关标准由科技部另行制定。

第二十一条 项目的合同或计划任务书的文本由科技部专项计划部门依据有关法律法规统一设计和印制，由项目承担者依据批准的项目可行性研究报告填写合同或计划任务书。经签约各方共同审核后，方可履行签订手续。

第二十二条 合同或计划任务书应包括以下内容：

（一）项目编号、项目名称和项目密级；

（二）合同甲方或计划任务下达部门；

（三）合同乙方或计划任务承担单位（人）和任务责任人；

（四）立项背景与意义；

（五）主要任务、关键技术；

（六）验收考核指标；

（七）实施方案、技术路线与年度计划进度；

（八）经费预算和用途；

（九）承担单位的保障条件与经费配套；

（十）科技成果及其知识产权的归属和管理；

（十一）涉密项目的科技保密义务；

（十二）争议解决方法。

第二十三条　根据国家科技计划的不同性质和目标，合同或计划任务书可增加有关科技行政管理部门作为第三方，第三方有保证任务完成的责任和监督项目实施的权力。

第二十四条　对于执行结果可测的项目，合同中的研究和考核指标，必须量化；对于执行结果不可测项目，合同中的研究和考核指标，必须有准确含义的定性说明。

第二十五条　对项目执行中的有关国拨经费、条件保障和经费配套条款，必须明确签约各方的责任，并明确出现一方违约时，其他方应有的权力。

第二十六条 合同或计划任务书由科技部专项计划部门核准后方能生效。

第二十七条 对国务院交办或科技部决定所需紧急立项任务，可按各类国家科技计划管理办法所规定的紧急立项程序条款进行立项。

## 第三章 项目实施管理

第二十八条 国家科技计划一般按项目、课题两级管理，不设课题的可按项目进行管理。

第二十九条 科技部专项计划部门和授权或委托的项目组织实施管理机构负责项目的实施和管理。

第三十条 科技部专项计划部门在项目管理中的基本职责是：

（一）确定项目组织实施的管理机构和管理模式；

（二）审聘项目专家咨询委员会；

（三）审查项目年度执行报告、项目完成后的总结报告和项目经费的预、决算；

（四）组织或委托其他组织或机构进行项目的中期检查

或评估；

（五）组织协调并处理项目执行中需要协调、处理的问题。

**第三十一条** 受科技部专项计划部门授权或委托，项目组织实施管理机构对项目目标的实现、项目任务的完成、关键技术的突破及涉密项目的科技保密等，承担组织实施的责任。

项目组织实施管理机构的基本职责是：

（一）匹配项目约定支付的科技经费；

（二）定期报告项目年度执行情况和年度经费决算，协同科技部专项计划部门进行项目执行情况的检查或评估，协调项目的实施，进行技术保密的实施管理；

（三）实施项目的统计调查，督促项目科技成果完成单位办理科技成果登记手续；

（四）向科技部专项计划部门报告项目实施中难以协调的问题。

**第三十二条** 项目承担者的基本职责是：

（一）严格执行合同或计划任务书，完成项目目标任务；

（二）真实报告项目年度完成情况和经费年度决算；

（三）接受科技部专项计划部门和项目组织实施管理机

构对项目执行情况的监督检查；

（四）接受并配合科技部委托的有关中介机构所进行的中期评估或验收评估，准确提供相关数据和资料；

（五）及时报告项目执行中出现的重大事项；

（六）填报由科技部制发的科技计划统计调查表和科技成果登记表；

（七）报告项目执行中知识产权管理情况和提出知识产权保护的建议。

**第三十三条** 项目实施中必须建立年度执行情况报告制度，如遇目标调整、内容更改、项目负责人变更、关键技术方案的变更、不可抗拒的因素等对项目执行产生重大影响的情况必须及时报告。

项目承担者必须在每年1月中旬提交项目上年度执行情况，经项目组织实施管理机构审核汇总后，于2月中旬报科技部综合计划部门和专项计划部门。

**第三十四条** 项目实施时限一般为三年，并可以逐年滚动立项，超过三年的项目，应进行中期检查或中期评估。项目执行中因人为因素致使项目难以实施或在预定时间内不能完成合同，科技部专项计划部门可以采取警告、通报批评，并视情况直至取消合同任务的处罚。

**第三十五条** 各类国家科技计划必须建立相互兼容的数据库，实现信息、数据资源共享。统计、调查和成果登记的科技指标应有一致的概念和内涵，指标及数据具有可比性。

# 第四章 项目验收

**第三十六条** 各类国家科技计划可根据计划自身的特点，制定专门的验收管理办法。

**第三十七条** 项目验收的组织工作，由科技部专项计划部门委托项目组织实施管理机构组织进行。

对跨行业（部门）、跨省市的重大项目验收，应由科技部专项计划部门负责主持。

**第三十八条** 项目验收以批准的项目可行性报告、合同文本或计划任务书约定的内容和确定的考核目标为基本依据，对项目产生的科技成果水平、应用效果和对经济社会的影响、实施的技术路线、攻克关键技术的方案和效果、知识产权的形成和管理、项目实施的组织管理经验和教训、科技人才的培养和队伍的成长、经费使用的合理性等应作出客观的、实事求是的评价。

**第三十九条** 项目验收程序，一般应符合下列要求：

（一）项目验收工作需在合同完成后半年内完成；

（二）项目的承担者，在完成技术、研发总结基础上，向项目组织实施管理机构提出验收申请并提交有关验收资料及数据；

（三）项目组织实施管理机构审查全部验收资料及有关证明，合格的向科技部专项计划部门提出项目验收申请报告；

（四）科技部专项计划部门批复验收申请，并委托项目组织实施管理机构组织验收，验收一般应委托有关社会中介服务机构对研究开发成果完成客观评价或鉴定后进行；

（五）科技部专项计划部门负责批准项目的验收结果。

**第四十条** 项目承担者申请验收时应提供以下验收文件、资料，以及一定形式的成果（样机、样品等），供验收组织或评估机构审查：

（一）项目合同书或项目计划任务书；

（二）科技部专项计划部门对项目的批件或有关批复文件；

（三）项目验收申请表；

（四）科技成果鉴定报告；

（五）项目研发工作总结报告；

（六）项目研发技术报告；

（七）项目所获成果、专利一览表（含成果登记号、专利申请号、专利号等）；

（八）研制样机、样品的图片及数据；

（九）有关产品测试报告或检测报告及用户使用报告；

（十）建设的中试线、试验基地、示范点一览表、图片及数据；

（十一）购置的仪器、设备等固定资产清单；

（十二）项目经费的决算表；

（十三）项目验收信息汇总表。

第四十一条　项目组织实施管理机构在组织项目验收时，可临时组织项目验收小组，有关专家成员由项目组织实施管理机构提出并经科技部专项计划部门批准后聘任。项目验收小组应由熟悉了解专业技术、经济和企业管理等方面专家组成，专家人数一般不少于11人。

验收小组的全体成员应认真阅读项目验收全部资料，必要时，应进行现场实地考察，收集听取相关方面的意见，核实或复测相关数据，独立、负责任地提出验收意见和验收结论。

第四十二条　参与项目验收工作的评估机构，应遵照

《科技评估管理暂行办法》有关规定执行。

第四十三条 项目验收方式和验收活动安排，应在验收工作开始前 15 日由组织验收部门通知被验收者。被验收者应对验收报告、资料、数据及结论的真实性、可靠性负责。验收小组/评估机构，应对验收结论或评价的准确性负责，应维护验收项目的知识产权和保守其技术秘密。

第四十四条 项目组织实施管理机构根据验收小组/评估机构的验收意见，提出"通过验收"或"需要复议"或"不通过验收"的结论建议，由科技部专项计划部门审定后以文件正式下达。

被验收项目存在下列情况之一者，不能通过验收：

（一）完成合同或计划任务书任务不到 85%；

（二）预定成果未能实现或成果已无科学或实用价值；

（三）提供的验收文件、资料、数据不真实；

（四）擅自修改对合同或计划任务书考核目标、内容、技术路线；

（五）超过合同或计划任务书规定期限半年以上未完成任务，事先未作说明。

第四十五条 需要复议的验收项目，应在接到通知 30 日内提出复议申请。

未通过验收的项目，承担者接到通知半年之内，经整改完善有关项目计划及文件资料后，可再次提出验收申请。如再次未通过验收，项目承担者三年内不得再承担国家科技计划项目。

**第四十六条** 除科技部事先合同约定科技成果归国家所有外，项目所产生科技成果的知识产权归科技成果完成者所有，具体办法另行规定。

**第四十七条** 项目产生科技成果后，应当按照科学技术保密、科技成果登记、知识产权保护、技术合同认定登记、科学技术奖励等有关规定和办法执行。

# 第五章 专 家 咨 询

**第四十八条** 充分发挥专家咨询参谋作用，提高项目管理工作的科学性、公正性及社会参与程度，项目管理应当引入专家咨询机制。

**第四十九条** 国家科技计划在项目的可行性论证、立项审查、招标投标、评估、中期检查、项目验收等环节可以组织专家咨询活动。专家咨询意见应作为科技管理与决策的参考依据。

第五十条　科技部专项计划部门应根据各类国家科技计划特点确定咨询专家条件、构成，咨询专家应具备的基本条件是：

（一）具有良好的科学道德和职业道德，能够客观、公正、实事求是地提出咨询意见；

（二）熟悉咨询项目所在领域或行业的科技经济发展状况，了解科技活动的特点与规律，在本领域或行业内具有较高的权威性。

咨询专家的群体组成应具有代表性和互补性。人数、年龄和知识构成应具有相对合理性。专家群体应熟悉相关领域或行业的发展状况，掌握技术、经济、市场、产业政策等方面情况，并具有一定综合分析判断能力。

第五十一条　以下人员不宜作为咨询专家选聘：

（一）与咨询对象有利益关系的人员；

（二）咨询对象因正当理由而事先正式书面申请希望回避的人员；

（三）在以往咨询活动中有不良记录的人员。

第五十二条　科技部专项计划部门、项目组织实施管理机构应在聘请专家时向专家阐明咨询的目的、咨询的工作原则、咨询专家的职责与权利，明确咨询的任务与要求。专家同意后，方可聘为咨询专家，正式参与咨询活动。

**第五十三条** 科技部专项计划部门、项目组织实施管理机构应向咨询专家提供与咨询工作相关的资料、信息和数据，提供必要的工作条件和费用，对有关咨询内容和项目背景作必要的介绍与说明，还应当对咨询专家的具体意见负有保密责任。

**第五十四条** 科技部专项计划部门、项目组织实施管理机构不得向咨询专家施加倾向性影响，不得故意引导专家的咨询意见。不得伪造、修改咨询专家意见。不得向咨询对象及与计划管理决策无关的任何单位或个人扩散咨询专家和咨询意见。采用咨询专家意见后的决策行为，其责任由决策者承担。

**第五十条** 咨询专家在为项目进行咨询的过程中，必须遵守以下规范：

（一）应坚持实事求是的原则，独立、客观、公正地提供个人负责任的意见，不受任何影响公正性因素的干扰，应按照管理者的要求按时按质地完成咨询任务；

（二）应维护咨询对象的知识产权和技术秘密，应妥善保存咨询材料并在咨询活动结束后按要求将其全部退还管理者，不得复制与咨询有关的材料，不得向管理者以外的单位或个人扩散咨询有关情况；

（三）当咨询事项与专家有利益关系时，必须主动向管理者申明并回避；

（四）在咨询期间，未经组织者允许，咨询专家个人不得就咨询事项与咨询对象及相关人员进行接触。更不得以各种方式收取咨询对象的报酬和费用。

**第五十六条**　在咨询活动中若咨询专家存在违规行为，科技部专项计划部门可视情节轻重，采取记录其信誉度、专家意见无效直至公开取消专家咨询资格等方式处理；触犯法律的，由司法部门依法追究法律责任。

**第五十七条**　科技部专项计划部门应对专家咨询活动的重要内容进行记录存档，其主要内容包括咨询任务、内容、方式、程序、咨询专家意见使用方法和规则、咨询专家名单、咨询专家个人意见、综合分析结论、组织咨询活动的机构和人员、以及其他需要特别说明的事项等。

**第五十八条**　必要时，科技部有关专项计划、综合计划部门可根据实际需要建立咨询专家动态数据库。根据咨询任务的需要，聘任若干较为稳定的咨询专家群体参与项目管理全过程的活动，以增强咨询专家的责任和提高咨询工作质量。

# 第六章　附　　则

第五十九条　科技部专项计划部门可依据本办法，结合计划管理的实际需要对各类国家科技计划项目管理的基本程序做必要的补充，并报科技部综合计划部门备案。

第六十条　本办法自发布之日起施行。

**图书在版编目（CIP）数据**

全民科学技术普及法律手册：双色大字版 / 中国法
治出版社编. -- 北京：中国法治出版社，2025.1.
（全民普法手册系列）. -- ISBN 978-7-5216-4940-6

Ⅰ. D922.174-62

中国国家版本馆 CIP 数据核字第 20243X48Y1 号

责任编辑：于 昆     封面设计：杨鑫宇

---

**全民科学技术普及法律手册：双色大字版**
QUANMIN KEXUE JISHU PUJI FALÜ SHOUCE：SHUANGSE DAZIBAN

经销/新华书店
印刷/三河市紫恒印装有限公司
开本/850 毫米×1168 毫米   32 开     印张/ 8   字数/ 117 千
版次/2025 年 1 月第 1 版     2025 年 1 月第 1 次印刷

---

**中国法治出版社**出版
书号 ISBN 978-7-5216-4940-6     定价：32.00 元

北京市西城区西便门西里甲 16 号西便门办公区
邮政编码：100053     传真：010-63141600
网址：http：//www.zgfzs.com     编辑部电话：010-63141796
市场营销部电话：010-63141612     印务部电话：010-63141606

（如有印装质量问题，请与本社印务部联系。）